서울은 불가능이 없는 도시다

서울시장 오세훈이
보내는 블로그 레터

서울은
불가능이
없는
도시다

Nothing is impossible in Seoul

• 오세훈 지음 •

21세기북스

서울과 사랑에 빠져 지낸
하루하루의 기록들

뜻밖의 편지를 받았습니다. 미국 시카고에서 리처드 M. 데일리^{Richard M. Daley} 시장이 직접 보내온 것이었습니다.

"『파이낸셜 타임스』 기사에서 서울을 재창조^{redesign}하려는 당신의 열정을 확인하고는 무척 깊은 인상을 받았습니다. 서울은 참 운이 좋은 도시입니다. 당신의 비전과 리더십으로 살기 좋고 일하기 좋고 방문하기 좋은 도시로 변모하고 있기 때문입니다. 당신의 노력을 높이 평가하며 앞으로도 지속적인 성공이 이루어지기를 기원합니다."

그는 저와 일면식도 없는 사이입니다. 그런데 영국『파이낸셜 타임스』에 실린 저에 관한 기사를 보고 무작정 서울시청으로 편지를 보낸 겁니다.

리처드 M. 데일리 시장은 시카고 시장 선거에서 6번이나 연임에 성공한 최장수 현직 시장입니다. 현재까지 무려 21년째 재임하고 있는 셈이죠. 그는 시장 선거에 출마할 때마다 늘 70퍼센트 이상의 지지를 얻어 당선됐습니다.『타임』 지가 선정한 '미국 5대 대도시 시장' 중 최고의 시장으로 선정되기도 했고요. 마천루의 도시인 시카고를 그린 시티로 바꾸고 있는 것으로도 유명합니다. 그는 도시의 성장과 발전에 장기적 비전을 가진 시장이 얼마나 큰 역할을 하는지 몸소 보여주고 있습니다. 한 마디로 신화 같은 존재입니다.

저는 최장수 베테랑 시장인 그에 비하면 아직 초년병 시장입니다. 그래서일까요? 그에게 뜻밖의 격려 편지를 받고 한편으로는 기쁘면서도 또 한편으로는 책임을 무겁게 느낍니다. 돌이켜보니 지난 4년 가까이 저는 서울에 푹 빠져 있었습니다. 오죽하면 시장이 되더니 자기보다 서울을 더 사랑하는 것 같다고 아내로부터 농담어린 핀잔을 들었을까요? 그동안 수많은 일들이 있었음에도 이런 몰입의 즐거움 때문인지 힘들다는 생각은 전혀 들지 않았습니다.

저는 서울시장으로 재임하면서 참으로 다양한 희로애락의 순간들을 겪었습니다. 하지만 흘러가는 시간은 강물과 같아서 잡을 수도 다시 주워 담을 수도 없습니다. 그래서 시작한 것이 블로그 활동입니다. 소중하고 귀한 순간순간들을 블로그에 담고 싶었습니다. 또 많은 분들과 생각을 나누고 싶기도 했고요. 더 많은 시민들이 서울시에 관심을 갖고 서울의 미래를 상상하고 서울 사랑에 빠져 보기를 바랐습니다. 우리 서울은 그럴 만한 가치가 충분한 위대한 도시입니다.

블로그 활동은 2008년 7월경부터 시작했습니다. 그 즈음은 서울시장 임기의 반환점을 돌면서 처음으로 한숨 돌리던 때로 기억합니다. 일과를 시작하기 전이나 마친 후 컴퓨터 앞에 앉아 글과 사진을 정리하고 기록한 지 벌써 2년입니다. 명성이 자자한 파워 블로거들에 비하면 한참 못 미치는 솜씨지만 진심을 담아 서울시와 사랑에 빠진 하루하루를 기록했습니다.

아무쪼록 이 책을 통해 많은 분들이 불가능이 없는 도시 서울의 매력을 발견하실 수 있길 바랍니다. 보다 많은 시민들이 대한민국 수도 서울에 더 큰 자긍심을 갖게 되길 기원합니다.

2010년 3월 봄을 맞으며

오세훈

차 례

01

서울의
매력에
미치다

매혹하라,
서울로

● ●
● ●

무궁무진한 서울의 잠재력

　　　　　　서울은 놀라운 도시입니다. 대중교통을 이용해 집에서 불과 30, 40분만 가면 바로 산에 오를 수 있으니까요. 또 1시간 이내에 햇살에 반짝이는 강물을 볼 수 있습니다. 인구 1천만 명이 넘는 대도시 가운데 이처럼 천혜의 자연 조건을 가진 도시는 전 세계에 흔치 않습니다. 그뿐입니까? 서울은 24시간 잠들지 않는 도시입니다. 자정이 넘어도 쇼핑을 즐길 수 있는 거리가 있는가 하면 밤새 담소를 나누며 젊은이의 문화를 즐길 수 있는 곳도 많습니다. 물론 그 어느 도시보다 안전하지요. 시내버스나 지하철에서 휴대폰 등으로 TV를 시청하고 인터넷으로 즐기는 시민들의 모습에 많은 외국인들이 깜짝 놀라곤 합니다. 게다가 서울은 조선 개국 이래 600년 이상 수도 역할을 해왔습니다. 첨단 기술과 역사적 전통이 묘하게 조화를 이룬 도시죠. 그만큼 매력적인 도시로 도약할 수 있는 잠재력이 무궁무진하다는 이야기입니다.

　그러나 지난 세월을 돌이켜보면 아쉬운 점이 많습니다.

　서울은 세계적으로도 유래 없는 고속 성장을 거친 도시입니다. 제가 태어난 1960년대에 서울 인구는 240만 명이었는데 1990년대에 이미 1천만 명을 넘어섰습니다. 30년 만에 미국 시카고만한 도시 세 개가 더해진 셈이죠. 국민소득은 1960년대 100달러에서 2만 달러로 수직 상승했습니다.

　그 과정에서 서울은 물량 위주의 성장을 추구했으며 효율성과 기능성을 최우선 가치로 여겼습니다. 거리의 벤치는 앉을 수만 있으면 됐고 가로등은 불만 밝으면 그만이었습니다. 건물은 공간이 넓으면 좋은 것이었고 간판도 그저 크고 잘 보이면 최고였습니다.

결과는 어떻습니까? 서울이 자랑하던 아름다운 자연환경과 역사 문화적 잠재력이 성장과 개발 논리에 묻혀버렸습니다. 회색의 콘크리트 도시로 변해버렸습니다.

최악의 도시 VS 최고의 도시

지난해 말 씁쓸한 소식이 하나 있었습니다. 세계적으로 유명한 여행 가이드북 출판사인 론니 플래닛이 발표한 '당신이 싫어하는 최악의 도시' 순위에 서울이 포함된 겁니다. 미국의 디트로이트와 가나의 아크라에 이은 3위로 말입니다.

이 소식이 알려지자 서울시 해외 마케팅 부서에서는 볼멘소리가 흘러나왔습니다. 그 순위가 출판사 홈페이지에 달린 42개의 독자 댓글을 분석해서 내놓은 결과랍니다. 그러니 통계 자료로서 가치가 없다는 것이죠. 일리 있는 주장입니다.

하지만 서울을 최악의 도시 3위로 꼽은 이유가 궁금했습니다. 댓글을 직접 확인해봤습니다. '무질서하게 뻗은 도로, 구 소련 스타일의 콘크리트 아파트, 끔찍한 대기 오염에 영혼도 마음도 없는 곳' 등의 글이 보이더군요.

정신이 번쩍 드는 자극이었습니다. 그리고 이런 생각이 스쳤습니다.

'이 기사를 계기로 서울이 회색도시의 이미지를 벗고 매력적인 도시로 거듭나야 한다는 공감대를 넓혀갈 수 있지 않을까?'

그런데 연이어서 주목할 만한 일이 벌어졌습니다. 정반대의 소식이 전해진 것입니다. 미국의 유력 일간지 『뉴욕 타임스』가 뽑은 '2010년 꼭 가봐야 할 여행지 31곳'에 우리 서울이 3위에 선정됐습니다. 순위로 보면 같은 3위인데 평가 내용은 최악과 최고입니다.

최악의 도시와 최고의 도시, 이 상반된 평가는 무엇을 의미할까요?

도시 디자인은 장기투자다

4년 전 저는 서울을 빠른 시간에 산업화와 민주화를 이룬 도시라는 이미지를 뛰어넘어 세계인들이 꼭 한 번 방문하고 싶고 투자하고 싶은 도시로 만들겠다는 꿈을 꾸었습니다. 제가 구상했던 변화의 핵심은 매력이었고 수단은 디자인이었습니다. 목표는 서울을 하드 시티에서 소프트 시티로 새롭게 디자인하겠다는 것이었죠.

하드 시티란 기능과 효율 중심, 자동차 중심, 속도 중독, 건설과 산업 중심, 역사와 전통으로부터 단절이 특징인 도시입니다. 반면 소프트 시티란 인간 중심, 보행자 중심, 문화 예술과 역사 중심, 콘텐츠 중심의 도시를 말합니다.

다행히 지난 4년 가까이 흘린 땀방울이 헛되지 않았습니다. 『뉴욕 타임스』의 순위는 바로 그 결과물입니다. 『뉴욕 타임스』가 서울을 '2010년 꼭 가봐야 할 여행지 3위'로 꼽은 이유는 디자인이었죠. 파격적인 추천의 변도 덧붙였습니다.

"도쿄는 그만 잊어라! 세계 디자인 마니아들이 서울에 푹 빠져 있다."

비슷한 시기에 서울이 '최고의 도시'와 '최악의 도시'로 각각 선정된 이유는

좌측에서부터

● 서울 도심의 야경. 나는 서울을 빠른 시간에 산업화와 민주화를 이룬 도시라는 이미
 지를 뛰어넘어 세계인들이 꼭 한 번 방문하고 싶고 투자하고 싶은 도시로 만들겠다
 는 꿈을 꾸었다. 내가 구상했던 변화의 핵심은 매력이었고 수단은 디자인이었다.
● 야경이 아름다운 한강에서 열린 서울세계불꽃축제

사진 © 심현철, 「코리아 타임스」

간단합니다. 최고의 도시로 선정된 것은 서울이 지금 시도하고 있는 변화의 흐름을 세계인들이 긍정적으로 이해하기 시작했다는 얘기일 것입니다. 동시에 최악의 도시로 언급됐다는 것은 여전히 우리가 가야 할 길이 많이 남았다는 애기겠죠. 도시 디자인은 적어도 10년 이상 바라봐야 하는 장기투자임을 보여주는 결과이기도 합니다.

오늘은 『뉴욕 타임스』에 이어 반가운 소식이 하나 더 전해졌습니다. 다양한 디자인 관련 칼럼과 파격적인 화보를 싣기로 유명한 영국의 디자인 전문지 『월페이퍼』가 서울을 '2010년 디자인 어워즈'의 도시 부문 베스트 5로 선정했다는군요. 베스트 5는 서울, 뉴욕, 베를린, 로테르담, 이스탄불입니다. 그들은 "새로운 디자인과 건축 물결이 서울로 밀려들고 있다."고 평했습니다.

그동안 국내에서는 서울시의 도시 디자인 정책에 대해 겉치레 행정이니 전시 행정이니 하는 꼬투리 잡기가 벌어지곤 했습니다. 그러나 이제는 좌고우면하지

좌측에서부터
● 한강 유람선
● 남산에서 내려다본 서울

않고 추진해온 것에 보람을 느
낍니다. 앞으로 세계인들 사이에
서울을 방문하고 싶다는 공감대
가 더욱 확산된다면 도시 디자
인이 곧 경제고 돈이라는 사실
을 본격적으로 실감하지 않을까
싶습니다.

　우리는 지금 절반 정도 왔을
뿐입니다. 전 세계가 우리 서울
에 호감으로 돌아설 때까지 정
책의 연속성을 지켜내는 것이 가
장 중요합니다. 그러자면 서울
시민의 공감대가 필수적입니다.

누군가 서울 시민과 파리 시민의 차이를 이렇게 말한 적이 있습니다. "파리 시
민은 불편한 건 참아도 아름답지 않은 건 못 참는다. 그러나 서울 시민은 아름
답지 않은 건 참아도 불편한 건 못 참는다."

　이제 서울 시민이라면 불편한 건 물론 아름답지 못한 것도 참지 말아야 합
니다. 그것이 국민 소득 3만 달러 시대를 앞당기고 다음 세대의 생존과 행복을
보장해주는 길입니다.

2010년 1월 12일

대한민국 상징 가로
광화문 광장

물 만난 이순신 장군과 거북선

　　　　그동안 콘크리트 도로 위 거대한 동상으로만 기억되던 이순신 장군이 자랑스러운 역사를 가슴에 품고 다시 태어납니다. 광화문 광장의 '12·23 분수'와 함께 말입니다. 분수 이름이 '12·23'이라 하니 다들 그 이유가 궁금하실 겁니다. 사실 작명하기까지 많은 고민을 했습니다만 『난중일기』와 기타 사료들을 다각도로 검토한 끝에 찾아낸 아이디어입니다.

　　'12'는 이순신 장군이 임금에게 올린 장계의 내용인 '금신전선상유십이今臣戰船尙有十二' 즉, "신에게는 아직도 배가 12척 남아 있습니다."에서 따온 것입니다. 이순신 장군의 애국심을 상징하는 숫자라고나 할까요? 그리고 '23'은 이순신 장군이 승전을 거둔 횟수입니다. 다들 알다시피 이순신 장군은 23전 23승이라는 해전 불패의 신화를 달성한 분입니다. 호국 정신과 기개에서 국내는 물론 세계적으로도 따를 자가 없습니다.

　　러일 전쟁을 승리로 이끈 일본의 도고 제독의 일화가 이를 증명합니다. 러일 전쟁 승전 축하연이 있던 날 밤 어느 신문 기자가 도고 제독에게 말했다고 합니다.

　　"각하의 업적은 영국의 넬슨 제독과 조선의 이순신 장군에 비견할 만한 빛나는 업적입니다."

　　그러자 도고 제독이 그 기자에게 이렇게 대답했다고 합니다.

　　"나를 넬슨 제독에 비교하는 건 좋지만 감히 이순신 장군과는 비교하지 말라. 이순신 장군은 전쟁에 관한 한 신의 경지에 오른 분이다. 이순신 장군은 국가의 지원도 제대로 받지 못한 최악의 상황에서도 매번 승리를 이끌어냈다. 나를 전쟁의 신이자 바다의 신인 이순신 장군과 비교하는 건 신에 대한 모독이다.”

도고 제독은 일본에서 매우 존경받는 위인이라 합니다. 그런 그가 신의 경지라고 얘기할 만큼 이순신 장군은 우리 역사에서 위대한 명장입니다. 그러니 1960년대 후반 이순신 장군 동상이 광화문에 세워진 것도 우연은 아니겠지요.

하지만 아쉬웠던 점은 그동안 이순신 장군을 거대한 동상의 주인공으로만 기억하지 않았나 하는 부분입니다. 자랑스러운 장군의 영웅담이 거대한 동상 속에 묻혀 있었던 겁니다. 서울시가 광화문 광장을 만들면서 이순신 장군 동상 앞에 분수를 조성하고 그 이름을 ‘12·23’으로 정한 이유도 그런 안타까운 심정 때문입니다. 이순신 장군의 위업을 새롭게 조명하고 널리 알리는 건 우리 후손의 몫이니까요.

왜 12·23 분수인가?

광화문 광장을 새로 조성하게 된 건 대한민국 수도 서울에 국가의 상징 가로를 만들어야 한다는 당위성 때문이었습니다. 프랑스 파리의 샹제리제 거리, 미국 워싱턴의 내셔널 몰, 중국 베이징의 톈안먼 광장에서 보듯 어느 나라나 수도에 국가의 상징 가로가 있습니다. 상징 가로는 그 나라의 정체성을 대변하는데 우리에게는 그런 상징적 공간이 없었습니다. 그래서 저는 그 역할을 할 공간으로 광화문 광장을 구상했고 서울만의 상징 가로가 아닌 대한민국의 상징 가로로 만드는 꿈을 꾸었습니다.

세종로는 조선시대의 대표 거리인 육조 거리였습니다. 양옆으로 이조를 비

좌측에서 시계 방향으로
● 대한민국 상징 가로로 거듭난 광화문 광장. 그동안 자동차에 양보했던
  공간을 시민들이 함께하는 공간으로 되돌리고 도심 한가운데서 경복궁
  과 북악산 등 아름다운 자연 경관을 조망할 수 있게 했다. 무엇보다도
  광장 양측에 역사 물길을 만들어 광화문 광장에 역사성을 담고 싶었다.
● 휴일 낮 광화문 광장
● 평일 저녁 광화문 광장

좌측에서 시계 방향으로

● 이순신 장군 동상과 12 · 23 분수

● 이순신 장군 동상이 12 · 23 분수에서 뛰어노는 아이들을 지켜보고 있다.

● 분수는 마치 꼬마 물의 요정 같다. 아이들과 친구가 된 것처럼 장난치며 논다.

● 어린 시절 12 · 23 분수에서 놀며 온몸을 적시면 이순신 장군의 지혜와 용맹을 얻게 될지도 모른다.

롯한 육조의 관아가 자리했고 특별한 날에는 왕과 백성이 어울리던 공간이었죠. 하지만 산업화를 거치면서 그곳은 자동차가 차지하고 말았습니다. 저는 공간 디자인의 핵심이 그 공간의 역사적 정체성을 더욱 돋보이게 하는 데 있다고 생각합니다. 그러니 대한민국의 상징 가로가 될 광화문 광장을 디자인하는 데는 역사성의 복원이 가장 중요할 수밖에 없었습니다.

그동안 자동차에 양보했던 공간을 시민들이 함께하는 공간으로 되돌리고 광장 양측에 역사의 물길을 만들고 도심 한가운데서 경복궁과 북악산 등 아름다운 자연 경관을 조망할 수 있게 한 일련의 일들은 바로 광화문 광장에 역사성을 담아내려는 노력의 일환이었습니다. 그 역사성을 극대화시키는 데 이순신 장군 동상과 12·23 분수 그리고 이순신 장국의 위대한 스토리가 소중한 역할을 하게 될 것입니다.

우리는 세계 어느 나라도 해내지 못한 급격한 경제 발전을 이루어냈습니다. 분명 우리의 자랑입니다. 하지만 그러한 속도전과 양적 성장이 자랑이 되는 시절은 지났습니다. 21세기는 역사와 전통 그리고 문화적 유산으로 승부하는 시대입니다. 그런 점에서 우리의 자랑스러운 역사를 품에 안고 새롭게 태어난 광화문 광장이 우리의 자긍심을 높여주는 소중한 공간으로 인정받고 사랑받기를 간절히 기원합니다.

2009년 7월 30일

광화문 광장과 세종대왕 동상

　　　　　　길이 6.2미터, 폭 4.3미터, 무게 20톤. 웅장한 풍채를 자랑하는 세종대왕을 광화문 광장에 모시기 위해 그야말로 특급 수송 작전을 펼쳤습니다. 동상 제작 작업장이 있는 경기도 이천에서 광화문 광장까지 세종대왕 동상을 운반하려면 도로를 완전히 비워야 했기 때문입니다. 동상이 손상되지 않도록 몸체를 감싸는 작업도 만만치 않았고 운반하는 차량도 무진동 특수자동차여야 했습니다. 교통 표지판, 육교, 전선 등 동상에 부딪히는 시설물이 없는 도로를 택하는 것도 보통 일이 아니었습니다.

　세종대왕 동상을 태운 운반 차량은 새벽 시간을 틈타 시속 30킬로미터로 움직였습니다. 1시간이면 도착할 거리를 4시간 넘게 달려 광화문 광장에 도착하니 새벽 5시가 됐습니다. 그렇게 서울까지의 이동은 무척이나 조심스럽고 어려웠습니다.

　현장에서 동상을 감싼 장막을 벗기는 순간 모두가 숙연해졌습니다. 왼손은 『훈민정음』을 들고 오른손은 백성을 향해 펼친 채 용상에 앉아 있는 세종대왕. 54세에 승하한 점을 감안해 가장 정열적으로 일했을 40대의 모습을 구현했습니다. 그래서 근엄한 얼굴이 아니라 인자하고 자상한 얼굴로 비칩니다.

　광화문 광장에 세종대왕 동상이 들어서기까지 우여곡절이 많았습니다. 지난 40년 동안 광화문을 지키고 있는 이순신 장군 동상 외에 또 다른 동상이 필요한가에 대한 논란부터 빚어졌습니다. 당시 서울시는 두 번에 걸쳐 여론조사를 했습니다. 1차 조사에서는 이순신 장군과 세종대왕 동상을 함께 세우는 안에

좌측에서 시계 방향으로

● 세종대왕 동상. 왼손은 「훈민정음」을 들고 오른손은 백성을 향해 펼친 채 용상에
  앉아 있다. 세종대왕이 가장 정열적으로 일했을 40대의 모습을 구현했다.
● 크리스마스 무렵 세종대왕 동상 앞
● 이순신 장군과 세종대왕 전광판

광화문 광장의 역사성을 살리는 역사 물길. 조선 건국 1392년부터 현재까지 주요 역사
내용을 돌판에 음각으로 새겨 넣었다.

과반수 조금 넘는 분들이 찬성했습니다. 2차 조사에서는 직전에 종영된 드라
마 「대왕세종」의 영향이었는지 62.8퍼센트의 시민이 세종대왕 동상을 모시는
것에 찬성했습니다.

　지금에 와서 고백하자면 내심 세종대왕 동상 건립에 찬성표가 많이 나오기
를 희망했습니다. 앞서 광화문 광장에 12·23 분수와 역사 물길 등을 조성한
건 역사성을 복원하기 위해서라고 말씀드린바 있습니다. 그런데 여기에 우리
역사의 르네상스를 연 세종대왕 동상까지 들어서면 얼마나 상승효과가 더 크
겠습니까? 용맹과 애국의 상징인 이순신 장군 동상과 창의와 애민의 상징인

세종대왕 동상이 들어선 후의 광화문 광장

세종대왕 동상은 서울의 문화 아이콘 역할을 톡톡히 할 거라며 설레던 기억이
생생합니다.

이야기를 품은 대왕, 세종 이야기

즐거운 상상과 기대 속에 세종대왕 동상을 공개하던 날,
제 눈길은 저도 모르게 동상 후면을 향했습니다. 동상을 받치고 있는 후면 기
단부에 광장 지하로 내려가는 엘리베이터를 마련해두었기 때문입니다. 지하로
내려가면 '세종 이야기'라는 공간이 나타납니다. 이 역시 제가 유난히 애정을

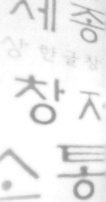

좌측에서 시계 방향으로

● 세종대왕 동상 지하전시관 세종 이야기 내부에 있는 과학과 예술 코너. 세종 이야기는 세종과 관련된 다양한 이야기를 통해 세종대왕의 업적을 기리자는 의도에 따라 탄생했다. 세종대왕 동상 후면부에 엘리베이터가 설치돼 있어 지하 전시관으로 곧장 연결된다.

● 세종대왕 동상 지하전시관 세종 이야기 입구

● 세종대왕 동상 지하전시관 세종 이야기 내부

● 인도네시아 바우바우시의 찌아찌아족 대표가 광화문 광장 세종 이야기를 찾았다. 문자가 없었던 찌아찌아족은 2009년에 한글을 자신들의 문자로 선택했다.

갖고 있었던 만큼 방문하는 분들의 반응이 궁금했습니다.

세종 이야기의 탄생은 2009년 3월로 거슬러 올라갑니다. 당시 광화문 광장의 공사 진척을 점검하기 위해 현장을 찾았는데 동행한 간부가 불쑥 한 마디를 던지더군요. 동상 설치에 맞춰서 세종대왕의 업적을 기릴 만한 조형물과 기념관을 만들면 좋을 것 같다는 의견이었습니다. 저도 모르게 '아, 좋은 생각이군요!'라고 했습니다.

이야기가 문화가 되고 삶이 되고 경제가 되는 시대입니다. 서울의 상징 가로인 광화문 광장에 이야기를 입힌다는 건 상상만 해도 즐거운 일이었습니다. 세종대왕이 '편경의 소리를 듣고 틀린 음을 한 번에 알아맞힐 정도로 절대 음감 소유자'였다든지 '남의 말을 잘 경청하며 고기와 앵두를 좋아했다'는 사실은 잘 알려져 있지 않습니다.

또 세종대왕이 여자 노비에게 출산 휴가를 허용했고 나중에 남편에게도 일종의 육아 휴직을 주었다는 사실을 아는 분들도 거의 없습니다. 이미 500여 년 전에 세종대왕은 인본주의 정치를 펼쳤던 겁니다.

이처럼 사람들의 감성을 자극하고 공감대를 이끌어내는 이야기를 광화문 광장에 집어넣는 아이디어가 참 좋았습니다. 당장 담당 부서에 구체적인 검토를 지시했고 그 뒤 세종문화회관 앞 지하 차도에 세종대왕을 기념하는 전시관을 마련하기로 했습니다.

하지만 새로운 난관이 앞을 가로막더군요. 세종대왕 동상이 광장의 정중앙에 있다 보니 지하 전시관으로 접근하는 방법이 애매했던 것입니다. 저는 땅을 뚫어 직접 전시관으로 이어지는 길을 만들어야 하지 않을까 싶었습니다. 실무자들은 난색을 표했습니다. 엘리베이터를 설치하면 4미터 가까이 되는 엘리베이터 출입구가 광장 한가운데에 불쑥 튀어나온다는 겁니다.

그때 서울시의 고민을 접한 세종대왕 동상 설계자 김영원 교수가 아이디어를 냈습니다. 동상 후면부에 입구를 만들고 기단에는 엘리베이터를 설치할 수 있는 공간을 확보해서 세종대왕 동상과 지하의 전시관을 직접 연결하자는 것이었죠. 설계도를 보는 순간 무릎을 쳤습니다. 세종대왕이 시민들에게 들려줄 이야기를 가슴속에 품고 기다리고 있다니. 광화문 광장이 이야기가 있는 광장으로 거듭나리라는 확신을 갖게 된 순간이었습니다.

2009년 8월 개장 후 광장을 다녀간 분들을 대상으로 조사해보니 80퍼센트 이상이 만족스럽다고 답합니다. 저와 우리 직원들은 큰 보람을 느낍니다.

저는 광화문 광장이 시민들 특히 아이들에게 역사적 자긍심을 심어주는 공간이 되기를 희망합니다. 우리의 아름다운 문화를 체험하는 소중한 장이 되기를 바랍니다. 더 나아가 우리 역사의 르네상스 시대를 열었던 세종의 높은 기상을 이어받아서 광화문 광장이 서울의 새로운 르네상스를 꿈꾸는 발상지가 될 수 있기를 기대합니다.

2009년 10월 6일

도심, 문화의 중심으로 다시 태어나다

●●

서울 광장의 무료 공연

저녁 7시 30분 서울 광장에 1만 명이 넘는 사람들이 모였습니다. 폴 포츠의 공연 때문입니다. 출입구가 따로 없는 광장이니 당연히 무료 공연입니다. 연인끼리 가족끼리 서울 광장 풀밭에 앉아 시원한 밤바람을 맞으며 음악을 즐기는 모습이 정겹습니다. 1시간 공연으로 1만 명이 행복했습니다.

폴 포츠라서 특별히 서울 광장에 선 게 아닙니다. 서울 광장에는 늘 무료 공연이 있습니다. 서울 광장을 문화와 예술이 흐르는 광장으로 만들겠다는 목표 아래 봄부터 가을까지 저녁마다 무료 공연을 펼치고 있습니다. 벌써 2년째입니다.

뮤지컬·오페라·댄스·국악 등 장르도 다양합니다. 여러 작품을 갈라 형식으로 보여주는 뮤지컬과 무용 등의 공연을 월 1회 전작全作으로 감상하는 기회도 마련하고 있습니다. 얼마나 알찬지 모릅니다.

첫해에는 알려지지 않아서인지 수십 명만 공연을 즐겼지만 요즘은 매일 밤 꽤 많은 분들이 서울 광장을 찾습니다. 외국인도 많이 있더군요. 도심 한가운데 풀밭에 앉아 공연을 즐기는 분들을 보면 절로 흐뭇합니다. 무엇보다도 비싼 공연을 부담스러워하던 서민들이 언제든지 무료 공연을 즐기게 됐다는 점이 가장 뿌듯합니다.

서울 광장에 이런 변화가 시작된 것은 서울을 '창의 문화 도시'로 탈바꿈시키겠다는 목표를 세우면서부터입니다.

이제는 컬처노믹스다

21세기 들어서면서 문화 없는 경쟁력은 상상하기 힘들어졌습니다. 오죽하면 데카르트 마케팅이라는 말이 나왔을까 싶습니다. 테크[Tech]와 아트[Art] 마케팅의 합성어인 데카르트 마케팅은 원천 기술에 문화의 이미지를 덧입혀 상품의 매력도를 높이고 입지를 확고히 하는 것을 말합니다. 이는 상품에 담긴 꿈·낭만·분위기·이야기 등 무형의 가치와 라이프 스타일을 소비하는 문화 소비자가 부상하면서 생긴 현상이라는 것이 전문가의 분석입니다.

도시도 마찬가지입니다. 세계 각 도시들이 문화를 통해 자신의 브랜드 가치를 높이고 있습니다.

한때 범죄의 도시로 악명 높던 뉴욕은 문화의 도시로 부상하면서 그 위상이 완전히 바뀌었습니다. 뉴욕이 한 해에 문화 예술로 끌어들이는 관광객 수는 무려 4,000만 명에 이릅니다.

영국의 쇠락해가던 탄광 도시인 게이츠헤드도 마찬가지입니다. 각종 정책을 통해 문화 도시로 발돋움해 연간 230억 원을 벌어들이고 있고 지역 대학 졸업생의 정착율이 46퍼센트에 달할 만큼 일자리도 창출하고 있습니다.

이는 문화 자본이 도시의 매력을 만들어내기 때문입니다. 도시가 문화란 옷을 입으면 관광객이 찾아오고 외국인 투자가 늘어납니다. 또 그 도시에서 만든 상품의 가치가 올라갑니다.

게다가 문화 산업은 제조업이나 서비스업에 비해 고용과 생산을 유발하는 효과가 큽니다. 따라서 제조업 기반이 13퍼센트이고 서비스업 비중이 87퍼센

서울 광장에서 열린 폴 포츠 공연

트에 이르는 서울이 소위 '고용 없는 성장' 문제를 해결하려면 문화의 가치를 인식하고 이를 활용할 수밖에 없습니다. 저는 이렇게 문화를 원천으로 고부가 가치를 창출하고 도시의 경쟁력을 높이는 것을 '컬처노믹스'라고 부릅니다. 컬처노믹스란 공연·예술·영화·드라마·애니메이션 같은 문화 산업을 육성해서

다른 도시가 따라올 수 없는 우리만의 문화 자본을 축적하고 일자리를 창출하겠다는 비전입니다.

여기서 컬처노믹스를 구현하고 서울이 창의 문화 도시로 거듭나기 위해서는 전제 조건이 있습니다. 문화시민이 많아져야 합니다. 이를 위해서는 언제 어디서나 문화와 예술을 즐기는 생활이 일상화돼야 합니다.

그런데 한 가지 고민이 생기더군요. 문화와 예술을 즐기려면 사실 경제적 여유가 있어야 했습니다. 괜찮은 공연을 보려면 꽤 비싼 값을 치러야 하니 말입니다. 이런 현실에 주머니가 가벼운 분들은 소외될 수밖에 없습니다.

이 문제를 해결하려면 어떻게 해야 할까요? 저는 시민들의 생활공간에 문화 예술이 물처럼 공기처럼 흐르게 하는 게 가장 좋은 해결책이라 봅니다. 가히 문화 폭탄이라고 느낄 만큼 다양한 공연과 전시회를 저렴한 비용 혹은 무료로 제공하겠다고 공언한 것도 그 때문입니다. 서울 광장의 무료 공연은 그 프로그램의 일환입니다.

백범 김구 선생님은 '오직 한없이 가지고 싶은 것은 높은 문화의 힘'이라고 하셨습니다. 빠듯한 여러분의 삶에 활력과 여유를 불어넣도록 문화와 예술이 흐르는 서울을 만들어드리고 싶습니다. 그것은 서울을 매력적인 도시로 만들어나가는 데 매우 중요

서울디자인올림픽

한 바탕이 되리라 믿습니다. 여러분들은 서울시가 마련한 잔치를 그저 즐기면
됩니다. 문화와 예술로 물든 서울의 밤이 점점 깊어갑니다.

2009년 6월 15일

광장은 도시의 심장이자 얼굴

　　　　　고 노무현 전 대통령의 국장이 치러진 지 일주일이 지났
습니다. 어제 서울 광장에서는 한동안 중단됐던 무료 공연이 다시 시작됐습
니다. 서울 광장 통제에 반대한 분들이나 찬성한 분들이나 서울 광장이 다시
문화와 예술의 광장으로 돌아온 것에 대해서는 하나같이 반가워합니다. 저와

서울시 직원들 모두 같은 마음입니다.

그동안 저와 서울시에 애정을 품고 제 블로그를 찾았던 분들 중 일부는 서울 광장 문제에 대해 서운한 마음을 표현하기도 했습니다. 저도 그런 의견을 주신 분들의 안타까움을 헤아리지 못한 것은 아니었기에 고민을 많이 했습니다.

이미 언론을 통해 소식을 접하셨겠지만 서울시는 다양한 방법을 동원해 관계 기관과 협의했습니다. 서울 광장 사용 허가권은 서울시가 갖고 있으나 경찰권은 지방 자치 단체에 있지 않습니다. 따라서 이 문제를 해결하려면 관계 기관과 협의해야 하는 것이 당연한 행정 절차였습니다. 특히 고 노무현 전 대통령의 장례 절차는 국민장 장의위원회의 주관으로 결정되는 것이었기에 서울시로서는 그 결정과 의사를 존중할 의무가 있기도 했습니다.

그러한 행정 절차를 잘 몰라 오해한 분들이 많았습니다. 아무튼 모두의 마음이 무척 무겁고 위로받고 싶은 심정에서 벌어진 상황이 아닌가 생각합니다. 서울시는 장례식 당일 노제에 참여하는 시민들이 불편함 없이 고 노무현 전 대통령을 애도할 수 있도록 각별하게 신경을 썼는데 어떠셨는지 모르겠습니다.

고인이 떠나는 길이 보다 경건하고 엄숙하게 진행되기를 바라는 마음으로 29일 새벽부터 운구 구간에 물청소를 실시했습니다. 경복궁에서 서울역까지 의료와 소방 인력을 배치하고 임시 화장실도 설치했습니다. 아리수 11만 병을 시민들에게 제공하기도 했습니다. 또 광장 정면의 아트펜스 전광판과는 별도로 서울 광장 양편에 대형 LED 전광판을 설치해서 시민들이 영결식과 노제를 영상으로 보게끔 조치를 취했습니다. 고인의 마지막 가는 길에 최대한의 예를 갖추고 시민들의 안타까움을 위로하고자 했던 일들입니다.

우여곡절이 많았던 만큼 감회가 남다릅니다. 그리고 간절한 바람을 가져봅니다. 그렇게 노제를 마친 서울 광장이 다시 문을 열었습니다. 서울을 찾는 외국인들에게 서울 광장은 도심의 심장이자 얼굴입니다. 그러한 상징 공간이 불법 시위의 중심이 아닌 평화로운 문화 예술의 공간으로 기억될 수 있도록 이제는 서울 광장을 지켜주셨으면 좋겠습니다.

서울 광장은 외신이 서울 관련 뉴스를 타전할 때 가장 많이 소개하는 공간 중 하나입니다. 그렇기 때문에 서울 광장에서 불법 폭력 시위가 발생하면 여지없이 외신을 통해 전 세계로 소개됩니다. 경찰의 차벽 역시 마찬가지겠죠. 따라서 서울 광장만큼은 확성기를 통해 울리는 정치 구호가 아니라 시민들의 평화로운 웃음소리가 넘치는 곳으로 남기를 희망합니다. 대한민국의 이미지는 분단국가, 전쟁, 북핵 위협과 같은 부정적인 것이 많기 때문에 평화로운 문화 예술이 펼쳐지는 광장의 모습은 서울은 물론 대한민국의 브랜드 가치를 높이는 데도 매우 중요할 것입니다.

경찰과 대화하고 설득하는 과정에서 이러한 저의 생각이 충분히 전달됐기에 광장이 열렸다고 봅니다. 다만 서울시의 이런 진심이 계속해서 설득력을 얻으려면 시민 여러분들이 도와주셔야 합니다. 서울 광장에서 폭력적으로 표출되는 의견과 갈등은 늘 외신을 통해 해외에 타전되고 있고 이는 우리의 국가 브랜드 가치를 떨어뜨리게 된다는 점을 기억해주셨으면 합니다. 국가 브랜드 가치가 떨어지면 수출로 먹고사는 우리 경제에 먹구름이 낄 수밖에 없습니다. 이 점 꼭 되짚어주셨으면 합니다.

서로가 조금씩 양보하면 더 성숙한 광장 문화를 만들어갈 수 있지 않을까요? 서울시도 더욱 정성을 들여 시민들의 목소리에 귀를 기울이겠습니다.

앞으로도 매일 저녁 7시 30분이면 서울 광장에서 다채로운 문화 예술 공연이 펼쳐집니다. 물론 무료입니다. 아무쪼록 다시 열린 서울 광장에서 많은 분들이 행복한 모습으로 담소를 나누고 공연을 즐기시기를 바랍니다.

2009년 6월 5일

세계 최초이면서
단 하나

서울에 짓는 세계 유일의 건축물

그녀의 첫인상은 정말 강렬했습니다. 건축 분야에서 세계적 거장으로 인정받고 있는 터라 범상치 않은 인물이리라 예상은 했습니다. 하지만 실제로 보니 그토록 인상적인 오라Aura를 가진 여성은 일찍이 만나본 적이 없다는 느낌이었습니다. 자하 하디드 얘기입니다. 2004년에 건축계의 노벨상인 프리츠커 상을 수상하기도 했죠. 그런 그녀가 우리 서울의 동대문 운동장 자리에 들어서는 동대문 디자인 플라자DDP의 설계를 맡아 방문했습니다. DDP는 대한민국 수도 서울에 세계에서 유일무이한 랜드 마크 건물을 지어보자는 야심찬 목표로 시작한 사업입니다.

저는 취임 직후, 서울의 주력 산업으로 디자인을 육성하겠다는 비전을 세웠습니다. 지식산업 시대를 넘어 창조산업 시대로 나아가는 21세기 서울의 10년 후 20년 후를 준비해야 하는 저로서는 당연한 선택이었습니다. 우리가 더 빨리 디자인에 주목하지 않은 것이 안타까웠습니다. 선진 도시들은 이미 저만치 앞서가고 있으니까요. 전 세계 디자이너들 사이에서 "디자인 트렌드를 알려면 서울로 가라."는 말이 나오도록 하는 것을 목표로 정했습니다.

먼저 동대문에 주목했습니다. 이미 패션과 디자인의 중심지로 자리 잡은 상태인 이곳을 본격적으로 육성해 디자인 산업의 허브로 키워내겠다는 계획을 세웠습니다. 이를 위해서는 우선 '동대문' 하면 '디자인'을 떠올릴 만한 상징이 필요했습니다. 마침 쇠락의 길을 걷고 있던 동대문 운동장 터를 발전적으로 활용해보자는 데 의견이 모아졌습니다. 이곳에 전 세계가 주목할 만한 랜드

마크 건축물을 세우고 이를 서울 디자인 산업 메카로 활용하자는 아이디어였습니다. DDP 사업은 그렇게 시작됐습니다.

서울시는 DDP를 짓기 위해 해외 건축가 4명과 국내 건축가 4명을 초청해 지명 설계 경기를 벌였습니다. 그리고 최종 당선작으로 「환유의 풍경」이라는 작품을 선정했습니다. 그 설계자가 바로 자하 하디드입니다.

저는 당시 설계자만큼이나 독특한 오라를 가진 DDP의 조감도를 보면서 온몸에 전율을 느꼈습니다. 빌바오의 구겐하임 미술관이나 시드니의 오페라 하우스 못지않은 세계적인 건축물이 될 수 있으리란 확신 때문이었죠.

건축계에서 자하 하디드의 작품들은 현재의 건축 기술로 현실화시키기에는 무척 난해하다고 정평이 나 있습니다. 특히 서울에 세워질 DDP의 경우는 3차원의 부정형에 그것도 곡선 형태입니다. DDP의 가장 큰 특징 중 하나는 기둥이 없는 넓은 공간과 곡선형의 캔틸레버(일종의 캐노피)가 돌출되는 부분입니다. 이 부분을 시공하기 위해서는 5미터 높이의 메가트러스를 이용해서 거대한 곡선 구조물을 만들어내야 합니다. 이것이 매우 어렵습니다. 또한 비정형의 건축물이다 보니 외부 마감재인 알루미늄 패널 하나하나의 크기가 전부 다를 수밖에 없습니다. 지금까지 전 세계 어느 도시에도 이러한 초현실주의 건축물이 실제 구현된 예가 없습니다.

세계 건축계는 지금 자하 하디드의 DDP가 서울에서 진짜로 구현될 수 있을지 의구심을 갖고 있을 정도지요. 어떤 형태로 지어질지 주목하는 건 당연합니다. 이는 우리에게 특별한 기회가 될 겁니다. DDP를 제대로 완공하면 서울은 전 세계가 주목하는 '세계 최초이면서 단 하나World First, Only One'의 건축물을 가진 도시가 되기 때문입니다.

동서양이 만나고 과거와 미래가 만나는 DDP

도시를 대표하는 랜드마크는 크게 두 가지가 있습니다. 자연적인 랜드마크와 인공적인 랜드마크. 서울의 자연적인 랜드마크는 한강과 남산입니다. 그런데 서울에는 이것들과 잘 어우러지는 인공적인 랜드마크가 없습니다. 이런 경우 대다수 도시들은 고층 빌딩을 선택합니다. 하지만 저는 서울이 꼭 그럴 필요는 없다고 봅니다. 도시의 랜드마크를 좌우하는 것은 남다른 디자인이라고 믿기 때문입니다.

DDP에 거는 기대가 큰 것도 그 때문입니다. DDP 디자인의 독특한 매력은 시간적으로는 과거와 미래가 만나고 공간적으로는 동서양이 만나는 독창성에 있습니다.

과거와 미래가 만난다는 의미는 이렇습니다.

DDP가 들어서는 곳은 예전 동대문 축구장과 야구장이 있던 곳입니다. 동대문 축구장은 일제가 일본 동궁의 결혼을 기념하기 위해 1359년 축조된 성곽을 허물고 건설한 것입니다. 그래서 동대문 운동장을 헐면 조선 전기부터 구한말 시대까지의 생활상을 복원할 수 있으리라 기대했습니다. 예상대로 공사 과정에서 각종 유구들(건물지, 우물지, 아궁이 시설 등의 흔적)과 조선 시대 군사 시설인 하도감 터와 도성 안의 물을 밖으로 빼내기 위해 건축된 이간수문 등이 발견

됐습니다. 이때 서울 성곽의 흔적도 함께 발굴됐습니다.

서울시는 자하 하디드와 협상을 통해 DDP의 설계를 변경했습니다. 그리고 초현실적인 자하 하디드의 건축물 옆에 발굴된 역사적 흔적을 모아 동대문 역사 문화 공원을 조성했습니다. 그야말로 수백 년 전의 과거와 초현실적인 미래가 시간을 뛰어넘어 공존하게 된 셈입니다. 설계도면을 자세히 보면 어디까지가 역사적 유적이고 어디까지가 새로 만들어진 건축물인지 경계가 불분명할 정도로 유기적으로 연결돼 있습니다. 이런 시간적 흐름을 동일 공간 내에서 보여주는 건축물은 DDP를 제외하면 세상 어디에도 없습니다.

서울의 가장 큰 특징은 600년 고도의 전통과 첨단 기술이 조화를 이룬 역동적인 도시라는 점입니다. 그런 의미에서 과거와 미래가 공존하는 DDP야말로 서울의 대표적 랜드마크가 되리라 확신합니다.

또 DDP는 공간적으로 동서양이 만나는 건축물이기도 합니다.

DDP가 세워지는 곳은 우리 고유의 건축물이 일정 부분 복원된 공간입니다. 이곳에 고정된 틀을 갖춘 건축물이 아닌 유동적이고 개방적인 개념의 초현대적인 서양 건축물이 자리하게 됩니다. 그렇게 되면 동양과 서양의 대표적인 건축 양식이 한 공간에서 만나게 됩니다.

흥미로운 점은 또 있습니다. 자하 하디드는 중동 출신입니다. 중동은 예로부터 동양과 서양을 연결하는 길목 역할을 했습니다. 바로 그 지역 출신 건축가가 동서양을 넘나들고 시공간을 넘나들고 가능과 불가능을 넘나드는 건축물을 대한민국 수도 서울 한복판에 짓습니다. 그 자체가 DDP 고유의 스토리가

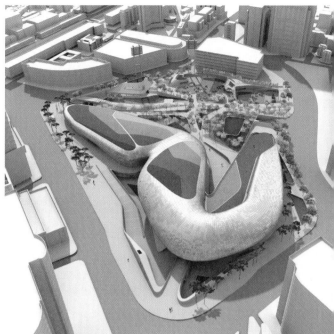

자하 하디드. 2004년 건축계의 노벨상인 프리츠커 상을 수상한 세계적인 건축가이다.

DDP 완성도. DDP가 완공되면 서울은 전 세계가 주목하는 '세계 최초이면서 단 하나World First, Only One'인 건축물을 가진 도시가 될 것이다. 지금까지 전 세계 어느 도시에도 이러한 초현실주의 건축물이 실제 구현된 예가 없다.

될 수 있지 않을까요?

이러한 DDP는 분명 우리의 도전과 성취의 상징으로 남을 것입니다. 이 프로젝트가 성공하면 단순한 디자인 차원을 넘어 첨단 건축 기술의 진보를 주도하게 될 것이니 말입니다.

우리 서울의 디자인 산업을 이끌어가는 중심이 될 DDP는 저의 꿈이고 서울의 꿈입니다. 2011년 DDP가 완공되면 마침내 서울도 '세계 최초이면서 단 하나World First, Only One'인 랜드마크를 가진 도시가 될 것입니다. 벌써부터 그 순간이 기다려집니다.

2009년 4월 29일

북촌 한옥 마을의 재발견

기쁜 소식이 있습니다. 서울시가 '유네스코 아시아-태평양 문화유산상UNESCO Asia-Pacific Heritage Award' 우수상을 수상했습니다. 북촌 가꾸기 사업이 드디어 인정을 받은 것입니다.

올해로 10회를 맞이한 유네스코 아시아-태평양 문화유산상은 무분별한 개발과 무관심으로 사라질 위기에 처한 아·태 지역 문화유산을 보존하고 복원하는 데 탁월한 성과를 보인 프로젝트에 수여하는 상입니다. 베트남의 호이안과 중국 리장 등 유네스코 세계문화유산으로 등재된 역사 문화 지구들이 수상한 바 있는 권위 있는 상이죠. 한국에서는 서울시가 최초로 수상했습니다. 그동안 '북촌 가꾸기 사업'에 적극적으로 참여해온 북촌 주민들과 여러 전문가 덕분이라고 생각합니다.

제가 취임하던 당시 안타깝게 생각했던 것 중 하나는 서울의 천편일률적인 아파트 중심 주거 문화였습니다. 2008년 기준으로 아파트는 서울시 주거 형태의 56퍼센트를 차지하고 있습니다. 게다가 지금의 재건축·재개발 사업 속도라면 4~5년 내 거의 80퍼센트에 육박하리라는 지적도 나왔습니다. 서울에 아파트 이외에 다양한 주거 형태를 유도하는 일이 서울시 주택 정책의 화두가 된 건 어쩌면 당연한 결과겠죠.

고민 끝에 나온 정책이 '한옥 선언'입니다. 수도 600년의 역사를 자랑하는 서울의 고유한 정체성을 살리려면 한옥에 대한 종합 진흥 계획이 필요하다고 판단했습니다. 그래서 서울시는 2018년까지 총 3,700억 원의 예산을 투입해 총

4,500동의 한옥을 보전하고 신규 조성하기로 계획을 세운 것입니다. 그 중심에는 2001년부터 추진해온 북촌 가꾸기 사업이 있습니다.

북촌은 경복궁과 창덕궁 사이에 위치한 우리나라의 대표적 한옥 밀집 지역입니다. 산업화를 거치면서 전통 한옥들이 점차 사라지고 있는 현장이기도 하지요. 이곳의 한옥을 보전하기 위한 사업이 북촌 가꾸기 사업입니다. 북촌 주민이 한옥을 서울시에 등록하면 서울시가 한옥의 유지 및 관리 비용의 일부를 지원합니다. 또 주차장을 설치하고 전주 지중화 등을 통해 골목길 환경도 개선해줍니다. 한 마디로 주민들에게 생활 편의를 제공하는 사업이죠.

이러한 노력이 어느 정도 성과를 거두고 있습니다. 유네스코 아시아-태평양 문화유산상을 수상한 것이 대표적이겠죠. 수많은 시민과 관광객들이 한옥의 매력을 보려고 새삼 찾아오는 것도 마찬가지입니다.

특히 인기가 많은 곳은 '북촌 8경'이라는 포토 스팟입니다. 고풍스러운 풍경 앞에서 사진을 찍으면 누구나 전문 사진가가 된 기분을 느끼지 않을까요?

디자인이라 하면 외관을 예쁘게 꾸미기 위해 기존의 것을 없애고 새로운 것을 세우는 작업이라고 오해하는 분들이 많습니다. 디자인의 핵심은 어디까지나 그 공간이 원래 가지고 있던 역사성과 문화적 정체성을 더욱 돋보이게 하는 데 있습니다. 이것이 디자인 서울 정책의 핵심 가치이기도 합니다.

북촌은 시작일 뿐입니다. 한옥 선언에 따라 인사동·돈화문로·운현궁 주변 지역 등으로 한옥 보존 사업을 확대하고 그 지원 금액도 대폭 늘렸습니다. 아마 머지않은 장래에 제2, 제3의 북촌 한옥 마을이 서울에 생겨나리라 기대합니

좌측에서 시계 방향으로

북촌 8경 ● 북촌 1경 ● 북촌 2경 ● 북촌 3경 ● 북촌 5경
　　　　　 ● 북촌 7경 ● 북촌 8경 ● 북촌 6경 ● 북촌 4경

다. 이를 계기로 우리 서울의 주거 문화가 더욱 다양해지면서 한국의 미를 간직한 건축물들이 많이 생기기를 희망합니다.

2009년 9월 4일

서울 한가운데에 도서관이 생긴다면

2007년 10월쯤으로 기억합니다. 점점 결단을 내릴 시기가 다가오고 있었습니다. 집무실 창을 통해 아래를 내려다보니 유치원에서 소풍을 왔는지 광장에서 꼬마들이 재잘거리고 있더군요. 한쪽에선 20대로 보이는 남자가 여자 친구의 무릎을 베고 누워 있었고 지도를 펴고 열심히 들여다보는 외국인의 모습도 눈에 띄었습니다.

보통 광장의 그런 평온한 풍경을 바라보노라면 어느새 스트레스가 사라지곤 했습니다. 그런데 그날은 심경이 복잡했습니다.

'저들은 어떤 모양의 시청 건물을 원할까?'

'지금 결론이 난 디자인으로 시청을 지으면 저들이 행복할까?'

저는 속으로 몇 번이나 똑같은 질문을 던졌습니다. 그리고 서울시 신청사 건설을 담당하는 국장을 호출했습니다.

"원점에서 다시 시작합시다!"

국장의 눈빛에 순간 긴장감이 일었습니다. 당연했습니다. 며칠 전 서울시는 문화재청과 지루한 줄다리기를 끝내고 문화재청 심의를 통과한 신청사 디자인을 언론에 발표한 상태였으니까요. 재수 삼수도 아닌 6수 끝의 발표었습니다.

그동안 문화재청은 서울시가 발표하는 디자인에 대해 번번이 퇴짜를 놓았습니다. 너무 높아서, 원형이어서, 디자인이 너무 독특해서 등 그 이유도 다양했습니다. 군이 따지자면 '문화재 심의위원회'가 '디자인'을 심의할 권한까지 있는 것은 아니었습니다. 그래서 디자인이 독특하면 퇴짜를 놓는 문화재청에 대해 답답한 마음이 없진 않았습니다. 그렇다고 법이 정한 절차를 무시할 수는 없어 협의에 협의를 거듭하다 보니 어느덧 2년이 훌쩍 지나고 말았습니다.

그러던 어느 날 담당 부서에서 여섯 번째 디자인을 가지고 왔습니다. 저는 그날의 허탈한 느낌을 아직도 잊지 못합니다. 최우선 과제를 '디자인'이 아닌 '심의 통과'에 둘 수밖에 없었던 담당 부서의 절박함을 모르진 않았지만 그 디자인은 한 마디로 성냥갑 건물일 뿐이었습니다. 더 허탈한 것은 그 디자인이 문화재청의 심의를 통과했다는 사실이었습니다.

언론에 발표된 서울시 신청사의 여섯 번째 디자인은 그런 우여곡절을 담고 완성된 것이었습니다. 그런데 고생한 직원들이 채 숨을 돌리기도 전에 제가 결과를 뒤집자고 했으니 담당 국장이 멈칫할 만도 했습니다.

저는 그에게 부연 설명을 했습니다.

"지금 결정된 건 문화재청의 허가를 받아내기 위해 어쩔 수 없이 선택한 디자인이잖아요. 그런데 이대로 지으면 정말 후회할 것 같지 않습니까? 서울 광장에서 바라보는 시청 건물은 100년, 200년 뒤에도 자랑스러운 랜드마크 건물이 돼야죠. 관광객들이 꼭 한 번은 둘러보고 가는 상징적 건물이 돼야 하지 않겠어요? 그런데 오히려 짐이 되는 건물을 짓는 게 아닌가 싶어 걱정입니다. 다시 원점에서 시작해봅시다!"

다행히 담당 국장의 생각은 저와 다르지 않았습니다. 하지만 저의 원점 발언이 알려지면서 참모들은 다른 의견을 내놓았습니다.

"더 이상 지연되는 건 굉장한 부담입니다."

"질질 끈다는 비판이 나올 수 있습니다."

"사무 공간이 좁아서 여기저기에 흩어져 업무를 보고 있는 직원들은 디자인이고 뭐고 빨리 착공해달라고 합니다."

저는 말없이 듣고만 있었습니다. 누군가 한 마디를 더 보탰습니다.

"시장님, 솔직히 시장님 임기 내 완공해야 성과가 되고 치적이 됩니다. 그러려면 더 이상 선택의 여지가 없습니다. 착공을 서둘러야 합니다."

그 말을 듣는 순간 마음이 단호해졌습니다.

"치적 하나 늘리기 위해 서둘러야 한다? 정말 그렇게 일할 수는 없습니다. 서울시 신청사는 서울 도심의 랜드마크가 돼야 합니다. 그 역사적 과업이 시장 한 사람의 업적을 위해 희생될 수는 없습니다."

저는 20년 전 영국의 대처 수상이 외쳤던 "디자인하라! 아니면 사퇴하라!Design! or Resign!"를 외칠 수밖에 없었습니다. 책상을 둘러싼 참모들 모두 당황한 기색이 역력했습니다.

제 소신은 1년 서두르면 10년 아니 100년을 후회하게 될지도 모른다는 겁니다. 후손들을 위해서라도 최고의 청사를 남기고 싶었습니다. 저는 지금까지와는 전혀 다른 방식으로 사업에 접근하라고 직원들에게 지시했습니다.

결국 우리나라의 내로라하는 건축가들을 대상으로 설계 공모를 하기로 했습니다. 디자인 전문가가 아닌 문화재 위원들에 의해 서울시 신청사의 디자인이 좌지우지되는 걸 바라만 볼 수는 없었기 때문입니다. 그리고 전 과정을 심사위원회가 진행하도록 함으로써 심사의 객관성과 신뢰성을 확보하기로 했습니다.

대신 제가 한 가지 조건을 내걸었습니다. 바로 신청사의 공간 구성입니다.

사실 신청사 신축은 이미 민선 3기에서부터 계획된 사업입니다. 하지만 설계안을 두고 문화재청과 의견이 맞지 않아 준공이 미루어지고 있었습니다. 그 결과 민선 4기까지 넘어온 것인데 취임 직후 첫 보고를 받는 자리에서 영 이해가 가지 않는 부분이 있었습니다. 내부 디자인이 거의 직원들 업무 공간으로만 구성돼 있는 점이었습니다.

외국 선진 도시들의 시청 건물은 공무원들의 업무 공간으로만 한정돼 있지 않습니다. 도시의 역사와 미래 비전을 홍보하고 각종 전시회와 콘서트가 열리며 시민들의 도시 생활을 돕는 시빅 센터Civic Center로서의 기능에도 충실합니다. 그러다 보니 자연스레 시청으로 시민과 관광객이 모여들게 되고, 청사가 도시의 중심 공간으로 자리 잡은 경우가 많습니다.

서울 시청에도 이 개념을 도입하고 싶었습니다. 그래서 원점에서 시작하는 디자인 설계 공문에 조건을 내걸게 된 것입니다. 신청사 공간의 최소 30퍼센트는 시민을 위한 공간이 돼야 한다고 말입니다. 최신 신재생 에너지 기술을 적

위에서부터

- 최종 결정된 신청사 조망도. 한옥의 처마를 현대적으로 재해석한 곡선미가 아름답
  다. 고층이 아닌 13층의 낮은 높이로 설계됐다. 특히 최종 결정된 설계안에는 기존의
  시청 본관동 전체가 서울의 대표 도서관으로 거듭난다.
- '책 읽는 서울' 행사에서 아이들에게 책을 읽어주었다. 신청사가 완공되면 신청사 도
  서관에서 책을 빌려 나와 잔디에서 책을 읽는 아이들로 서울 광장이 가득찰 것이다.

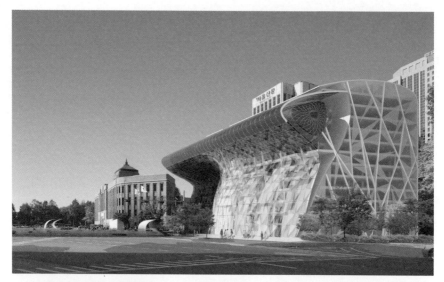

용한 친환경 건물로 지어야 하며 준공 후에는 서울의 랜드마크가 돼야 한다는 점도 덧붙였습니다.

이렇게 해서 설계 공모는 처음부터 다시 진행됐습니다. 총 4편의 작품이 접수됐다는 보고를 받았습니다. 심사 전날 담당 국장이 그 4편의 작품에 대해 보고하겠다고 하더군요. 저 역시 어떤 작품들이 들어왔을까 궁금했습니다. 하지만 참았습니다. 일부러 보지 않았습니다. 저는 건축 디자인 전문가가 아닙니다. 아무리 시장이라도 비전문가의 의중이 당선작을 선정하는 데 반영되는 건 바람직하지 않습니다. 전문가에게 맡겨놓는 것이 옳다고 판단했습니다.

심사 결과가 나왔습니다. 유걸 씨의 작품이 선정됐다고 했습니다. 그제야 4편의 작품을 모두 살펴봤는데 참 뿌듯했습니다. 작품들 모두 마음에 쏙 들 만큼 훌륭했습니다. 특히 당선작으로 선정된 유걸 씨의 작품은 한옥의 처마를 현대적으로 재해석한 곡선미가 아름다웠습니다. 다른 작품들이 모두 21층 이상의 고층 건물로 설계된 데 비해 당선작은 고층이 아닌 13층의 낮은 높이로 설계된 것도 눈에 띄었습니다.

그동안 문화재청이 계속해서 제기해 온 높이 문제를 일거에 해결한 방안이어서 마음이 놓이기도 했고 낮지만 효율적인 공간 배치도 놀라웠습니다. 도서관·전시관·홍보관은 물론 다목적 공연장이 들어서도록 설계돼 있었고 시민과 관광객들이 언제든 도심을 내려다볼 수 있는 전망 휴게실도 빠지지 않았습니다.

이로써 서울시 신청사를 시민의 공간으로 돌려주자는 저의 의지가 디자인 설계안을 통해 완전히 구현된 셈입니다. 그 점이 무엇보다도 반가웠습니다.

당선작에 대한 여론도 이전과는 사뭇 달랐습니다. 그동안의 갈등을 위로라도 하듯 칭찬을 아끼지 않았습니다. 지난 2년 동안 신청사 건립 문제로 누적된 피로가 한꺼번에 사라졌습니다. 그동안 누구보다 애쓴 담당 직원들도 서로 말은 안 했지만 저와 똑같은 마음이지 싶었습니다.

최종 결정된 설계안에는 또 한 가지 의미 있는 것이 있습니다. 기존의 시청 본관동 전체가 서울의 대표 도서관으로 거듭납니다.

한 도시를 대표하는 도서관은 그 도시의 품격을 결정합니다. 선진 도시일수록 대표 볼거리에 도서관이 빠지지 않습니다. 실지로 도서관을 이용하는 시민들이 많아질수록 도시도 그만큼 성숙해간다고 생각합니다. 하지만 그동안 우리 서울에는 이렇다 할 대표 도서관이 없었습니다. 그 점이 늘 아쉬웠는데 이제 우리도 서울의 대표 도서관을 갖게 되는 것입니다.

신청사가 완성되면 시민들은 아이들의 손을 잡고 시청으로 놀러 와 책을 보고 서울 도심 한복판에 자리 잡은 서울의 대표 도서관을 보고 우리의 역사와 문화를 더욱 깊이 느끼고 돌아갈 것입니다. 서울 광장은 신청사 도서관에서 책을 빌려 나와 잔디에 앉아서 혹은 잔디에 누워서 책을 보는 시민들로 가득차겠죠. 그 평화로운 광경을 상상하면 벌써부터 설렙니다.

마침내 2008년 4월 신청사 기공식이 열렸습니다. 예상 완공일은 2011년 봄입니다. 그러면 민선 4기 임기 내 완공은 불가능한 거죠. 완공함으로써 빛나는 사업의 특성상 신청사의 업적은 제 몫으로 남지 않을 수도 있습니다. 그러나

상관없습니다. 지금 짓는 서울시 신청사가 오랫동안 서울의 랜드마크로 남아
준다면 더 이상 바랄 건 없으니까요. 제 솔직한 생각입니다.

2008년 10월 22일

남산과
한강의 르네상스

남산

직원들과 함께 남산 길을 뛰었습니다. '굼벵이 달리기' 시간이었습니다. 서울시에는 본청 직원만 1만 명이 넘습니다. 그러니 그들 모두와 얼굴 보고 말을 나눌 수가 없습니다. 그래서 생각해낸 방법이 각 과별로 돌아가며 저녁에 달리기를 하는 것입니다. 처음부터 이 방법을 썼던 건 아닙니다. 취임 초에는 직원들과 스킨십 기회를 늘리기 위해 공연도 함께 관람하고 맥주 집에서 호프 타임을 가지기도 했죠.

그런데 참 난감한 것이 일단 제가 자리에 앉으면 다들 서로 눈치를 보며 과묵해집니다. 결국 저의 원맨쇼로 끝나고 맙니다. 그래서 2년 전부터 방법을 바꾸었습니다. 달리기를 시작한 것이죠. 운동을 하는 분들은 잘 알겠지만 함께 땀을 흘리면 서로 간에 긴장이 풀리면서 친근감이 생깁니다.

성공적인 선택이었습니다. 저는 스트레칭 강사가 돼 직원들로 하여금 몸을

풀게 합니다. 평소 운동량이 부족한 직원들도 함께 완주하도록 최대한 천천히 뜁니다.

달리기가 끝나면 김밥에 족발과 막걸리가 우리를 기다립니다. 그 자리가 저는 참 좋습니다. 직원들의 진솔한 생각을 접할 수 있기 때문입니다. 그래서 이 굼벵이 달리기만은 아무리 바빠도 거르지 않고 지속하려 합니다.

굼벵이 달리기가 좋은 이유는 또 있습니다. 우리가 달리는 길이 다름 아닌 남산이라는 점입니다. 요즘 남산 정말 좋아졌습니다. 괜히 하는 말이 아닙니다. 최근에 가보지 않은 분들이 있다면 꼭 가보라고 권하고 싶습니다.

우리는 할리우드 영화에 나오는 센트럴 파크를 보며 부러워합니다. 하지만 우리 역시 남산이라는 아름다운 자연환경을 가지고 있습니다. 우리가 남산을 제대로 인식하지 못한 근본적 이유는 남산을 가꾸고 활용하지 못했기 때문입

'남산 르네상스 프로젝트'는 북한산에서 시작해 창경궁과 종묘, 세운상가, 남산, 용산을 거쳐 관악산에 이르는 서울의 녹지축을 복원하는 큰 그림 아래 진행되고 있다. 도시 개발 과정에서 남산의 산자락을 단절하고 있는 콘크리트 건물이 밀집한 해방촌을 모두 녹지로 바꾸는 '남산 그린웨이'도 진행 중이다.

니다. '남산 르네상스 프로젝트'는 그러한 문제의식에서 나왔습니다. 이 사업의 목적은 남산을 뉴욕의 센트럴 파크 못지않은 곳으로 만들겠다는 것입니다.

서울에서 가장 멋진 2차 장소, 남산

남산에 이미 많은 변화가 이루어지고 있습니다. 딱딱한 아스팔트 길이 푹신한 조깅 트랙으로 바뀌었고 철재 울타리는 부드러운 목재 울타리로 바뀌었습니다. 자연 친화적인 환경으로 변한 것이죠. 미니 화원과 웰빙 산책로도 멋집니다. 무엇보다 대중교통을 이용해 남산까지 쉽게 갈 수 있도록 6호선 한강진역에서 남산까지 곧장 걸어가는 산책로를 만들었습니다. 남산 3호 터널 입구에는 경사형 엘리베이터도 개통했습니다. 이전에 남산 케이블카를 타기 위해서는 4호선 명동역에서 내려 10분 이상 걸어야 했는데 그 불편이 해소된 겁니다.

사실 저는 술을 잘하는 편이 아닙니다. 그래서 1차 모임을 가진 후 자리를 옮겨 2차를 가야 하는 상황이 되면 지인들을 설득합니다. 남산에 오르자고 말입니다. 처음에는 무슨 남산이냐 하다가도 제 강권에 못 이겨 함께 오릅니다. 고즈넉한 밤에 향긋한 풀 냄새와 정다운 풀벌레 소리, 간간이 보이는 별, 또 멀리 보이는 서울 야경까지. 다들 입이 딱 벌어집니다.

남산은 이제 제가 가장 즐겨 찾는 2차 장소가 돼버렸습니다. 주말에 굳이 꽉 막히는 도로를 뚫고 외곽 지역으로 나갈 필요가 있을까요? 가족과 연인 혹은 친구들과 함께 남산을 오르면서 자연의 아름다움을 만끽해 보세요. 그리고 남산이 얼마나 좋아졌는지 직접 확인해 보세요.

2009년 7월 16일

한강에 빠지다

17년 만에 스킨스쿠버 장비를 챙겨 입었습니다. 그 사연은 이렇습니다.

며칠 전 한 가지 제안을 받았습니다. '서울 볼런티어 액션데이' 행사를 치를 때 한강에 들어가 수중 정화 활동을 하자는 겁니다. 볼런티어 액션데이란 테마별 주제별로 자원봉사 신청을 받은 후 서울 전역에서 일시에 자원봉사를 하는 자원봉사 축제의 날을 말합니다.

처음 제안을 받고 고민에 빠졌습니다. 자원봉사를 하는 건 좋은데 한강 수중 정화 활동이 문제였습니다. 한강 물속에 들어가 수중에 쌓인 쓰레기를 치우는 수중 정화 활동은 스킨스쿠버 실력이 필수적입니다. 이런 활동에 나서는 이들은 당연히 스킨스쿠버 베테랑들입니다.

사실 저는 물을 좋아합니다. 물에서 하는 운동은 못하는 게 없을 정도입니다. 스킨스쿠버도 완전 문외한은 아닙니다. 17년 전 변호사 시절 스킨스쿠버를 배웠고 관련 자격증까지 땄으니 말입니다. 휴양지에서 며칠 교육을 받으면 '오픈 워터'라는 자격증은 받을 수 있습니다. 그렇지만 제대로 된 자격증을 따려면 1주일에 한두 번씩 한 달 넘게 배워야 합니다. 현장 실습도 부지런히 해야 하고요. 저는 당시 변호사 일로 바빴지만 짬을 내 자격증을 손에 넣었고 현장 실습도 몇 번 나갔습니다. 하지만 아쉽게도 스포츠로 즐길 여유까지는 없었습니다.

그렇게 세월이 흘러 감을 잃어버린 스킨스쿠버를 다시 해야 하니 갈등이 생길 수밖에 없었습니다. 일정이 바쁘기도 했지만 자신도 좀 없었습니다. 스킨스쿠버를 해본 이들은 잘 알겠지만 수중 5미터 이하의 암흑은 초보자에게 상당한 두려움으로 다가옵니다. 저는 처음 입수할 때 긴장했던 기억 때문에 더 망설였습니다. 그러나 한강을 청소해오신 분들에게 감사와 격려의 마음을 전하려면 선택의 여지가 없었습니다. 제가 직접 한강에 들어가는 것만큼 좋은 방법은 없겠다 싶더군요. 결국 한 번에 4시간씩 해서 두어 번 스킨스쿠버 교육을 다시 받기로 했습니다. 그런데 놀라웠습니다. 2시간 기술 교육만 받고 물에 들어갔는데 그것으로 충분했던 겁니다. 스스로 놀랄 정도로 제 몸은 17년 전의 감각을 기억하고 있었습니다.

'젊어서 배운 건 어느 하나 버릴 게 없구나!'

30대 초반에 시간을 쪼개 투자한 보람을 직접 확인하면서 왠지 공짜 선물을 받은 듯이 기뻤습니다.

그리고 지난 토요일. 내가 지금 쓰레기를 주우러 들어가는 것이 아니라 스킨스쿠버를 즐기러 들어가는 것이라면 얼마나 좋을까?라는 복잡한 심정으로 한강에 뛰어들었습니다.

생각보다 시계가 나쁘지 않았습니다. 강바닥을 헤집고 다니는 동안 소라와 고둥을 보았습니다. 참 반갑더군요. 한강이 생물이 살기에도 비교적 괜찮은 환경이란 증거였습니다.

　수중 쓰레기 또한 처음 생각한 것보단 많지 않았습니다. 이왕 들어왔는데 제 몫은 해야겠다 싶어 강바닥을 신나게 뒤져 제법 쓰레기를 줍긴 했지만 말입니다. 어쨌거나 자원봉사자 모두가 열심히 강바닥을 뒤지고 다닌 덕에 20톤의 쓰레기를 수거했습니다. 그 20톤으로 한강에 큰 변화가 당장 일어나진 않겠지만 조금은 더 깨끗해졌으리라 믿습니다.

　저는 호주 시드니의 오페라 하우스 앞에 섰을 때의 감회가 떠올랐습니다. 오페라 하우스가 세계적인 랜드마크가 된 데에는 훌륭한 건축 디자인이 한몫했습니다. 하지만 그게 다가 아닙니다. 오페라 하우스 앞에는 청정한 바다가 펼쳐져 있습니다. 그렇습니다. 오페라 하우스가 더욱 빛나는 이유는 깨끗한 바다가 연출한 수변 경관 때문이기도 합니다.

　지난번 노들섬에 들어설 복합 문화 콤플렉스인 '한강 예술섬' 조성 계획을 발표할 때 속으로 결심한 바가 있었습니다. 예술섬을 오페라 하우스 못지않은 곳으로 키워가리라고. 하지만 한편으로 걱정이 없진 않았습니다. 예술섬 앞의 한강과 오페라 하우스 앞의 바다는 청정함에서 차이가 나니까 말입니다.

　하지만 저는 이날 특별한 수확을 거두었습니다. 바로 한강 르네상스 프로젝트가 만들어낼 수 있는 무궁무진한 가능성입니다. 현재 진행 중인 한강 르네상스 프로젝트가 한강의 외관을 디자인할 뿐만 아니라 수질까지 깨끗하게 디자인해낸다면, 한강의 부가 가치는 천정부지로 치솟을 겁니다. 시드니 오페라 하우스 앞에서 느꼈던 부드러움과 열패감은 어느새 사라지겠지요. 상상만으

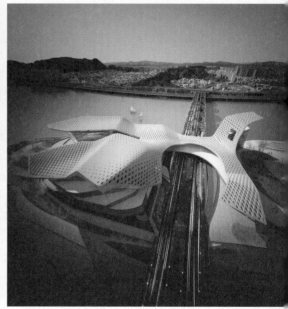

한강예술섬 조감도
한강에 떠 있는 노들섬에 심포니홀, 오페라극장, 다목적공연장은
물론이고 미술관, 야외 음악공원, 조각공원, 전망카페 등을 갖춘,
대규모 복합문화예술공간이 들어선다. 이름이 '한강예술섬'이다. 한
국의 춤사위를 형상화한 건축물로 2014년 완공예정이다.

로도 즐겁지 않습니까? 한강에 빠져 한강에 대한 희망까지 건져 올린 하루였
습니다.

2009년 4월 22일

천국처럼 아름다운 노을 공원

　　　　　　주말이면 서울 외곽으로 나가는 간선도로마다 나들이 차
량들로 발 디딜 틈이 없습니다. 평범한 시민으로 살았을 때는 그러려니 했지만

시장이 된 후로는 전혀 다르게 보이더군요. 뻔히 막힐 줄 알면서도 그렇게 외
곽으로 몰리는 이유는 그만큼 서울 안에 즐길 곳이 없다는 얘기였습니다. 저
는 사람들이 주말마다 멀리 나갈 필요가 없도록 시내 곳곳에 즐길 만한 장소
를 만들어야겠다고 결심했습니다. 그리고 지난 주말 노을 공원에서 그 가능성
을 확인했습니다. 그곳에서는 많은 분들이 행복한 미소를 짓고 있었습니다.

　노을 공원은 '한강 르네상스 프로젝트'의 일환으로 조성되는 난지 특화 지
구에 있습니다. 과거 서울의 악명 높은 쓰레기 매립지였던 이곳에 처음에는 골

프장이 조성됐습니다. 하지만 모든 시민이 부담 없이 찾아와 쉴 수 있는 공간으로 돌려드리고 싶었습니다. 그래서 리모델링을 거쳐 2008년 11월 가족 공원으로 개장했고 나아가 이곳을 세계적인 조각 공원으로 확충하기로 했습니다. 먼저 1단계로 조각 작품을 10점 설치하고 지난 주말에는 기념 공연을 주최하기에 이르렀습니다.

이날 공원에 있던 모든 이들의 눈을 사로잡은 풍경은 환상적인 노을이었습니다. 서울에서 노을이 가장 아름다운 공원, 아니 세계에서 가장 아름다운 공원이라 해도 손색이 없을 만큼 장관이었습니다.

'천국에 온 것 같다.'

저를 포함해 그 자리에 함께했던 모든 사람들의 입에서 감탄사가 절로 나왔습니다. 이 정도면 서울에 나들이를 즐길 만한 멋진 곳이 생겼다고 자랑해도 되겠죠?

외국인들이 한강을 보면 두 번 놀란다고 합니다. 처음에는 어느 도시에서도 보지 못한 크고 유려한 자태에 놀라고 나중에는 이런 훌륭한 자산을 제대로 활용하지 못하는 사실에 또 놀란다는 겁니다. 그동안 한강 공원의 활용도는 천편일률적이었습니다. 어디를 가나 간이 체육 시설, 주차장, 콘크리트 호안의 산책로 정도가 전부였죠. 강변 공원이라고는 하지만 콘크리트 호안과 빽빽이 들어선 아파트 때문에 답답하기 그지없습니다. 강변으로 가는 대중교통도 마

노을 공원. 세상에서 노을이 가장 아름답게 지는 곳이다.

땅치 않아 마치 토끼 굴 같은 곳을 통과해야 하니 접근성도 너무 떨어집니다.

저는 이처럼 타성에 젖은 한강 풍경을 혁신적으로 바꿔보고 싶었습니다. 한강이 세계적인 명소가 되려면 먼저 서울시민들로부터 사랑받아야 한다는 생각이었죠. 그래서 시작한 사업이 한강 르네상스 프로젝트입니다.

한강 공원의 재탄생

우선 한강의 12개 공원을 지역 특성에 맞게 다양한 용도로 활용될 수 있도록 새롭게 단장코자 했습니다. '회복'과 '창조'라는 콘셉트를 바탕으로 암사나 강서 지구는 생태 특화 지구로 조성하고 반포와 여의도는 연중 다양한 공연과 이벤트를 여는 공간으로 조성해 문화와 예술 중심의 특화 지구로 디자인 하는 식입니다.

한강 공원의 가장 큰 변화는 강변에 깎아지르듯 높게 쌓은 콘크리트 호안을 없애는 것입니다. 전체 둔치의 87퍼센트를 생태형 공간으로 바꿉니다. 한강을

찾은 시민들이 바로 강물로 다가갈 수 있도록 만드는 것이죠. 예전에는 멀리
서 바라보기만 하던 한강이었지만 이제는 가까이에서 보고 즐기고 느끼는 한
강으로 바뀌는 것입니다.

　그런데 한강 공원의 재탄생은 한강 르네상스 프로젝트의 일부분일 뿐입니
다. 그 외에도 한강에서 중국까지 배를 띄우는 '주운 계획'을 비롯해 다양한 프
로젝트들이 현재 진행 중입니다. 그중 제가 특별히 기대하는 사업이 있습니다.
바로 한강 주변의 소위 병풍 아파트를 퇴출시키는 계획입니다.

　우리 한강이 파리의 센 강이나 런던의 템즈 강과 달리 기이한 풍경을 연출하
는 가장 큰 이유는 성냥갑처럼 서 있는 병풍 아파트 때문입니다. 한강 주변의
풍광이 좋아지고 강물 위에 요트와 윈드서핑 보드가 떠다닌들 만족스러울까

요? 거기서 보이는 풍경이 병풍 아파트라면 말입니다.

다행스런 점은 병풍 아파트의 재건축 연한이 점점 다가온다는 사실입니다. 제 계획은 이렇습니다. 재건축할 때 강변에서 좀 더 뒤로 물러나는 대신 아파트 용적률을 높여 다양한 스카이라인을 형성토록 하고 물러선 그 자리만큼을 시민의 품으로 되돌리는 겁니다. 한강이 아파트 주민의 사유 공간이 아니라 시민 모두를 위한 공간으로 탈바꿈하니 얼마나 멋진 일입니까? 이것이 서울시가 발표한 '한강 공공성 회복 선언'의 핵심 내용입니다. 이미 성수 지구를 중심으로 변화의 행보가 빨라졌습니다. 기대해도 좋습니다.

과밀화의 끝에 와 있는 서울이 마지막으로 활용할 수 있는 공간이 바로 한강입니다. 한강 르네상스 프로젝트에 따라 한강은 20년 이상 차근차근 변모해

● 보행자가 천국으로 바뀐 광진교. 걸어서 한강
   을 건널 수 있는 명소가 됐다.
● 한남대교, 동작대교, 양화대교, 광진교에 위에
   생긴 전망 좋은 카페. 한강 다리 위 카페 앞에
   버스가 서고 카페 옆의 엘리베이터는 바로 한
   강 공원으로 연결된다.

나갈 겁니다. 그러면 한강은 서울 아니 대한민국의 자부심이고 상징이 되겠죠.
상상만 해도 미소가 번집니다.

2009년 7월 27일

볼거리 즐길 거리가 넘치는 서울

　　　　　　어제는 이토록 즐겁고 행복한 날이 또 있을까 싶은 하루
였습니다.

　제가 '하이 서울 페스티벌'이 열리고 있는 한강변 선유도 공원에 도착한 것
은 늦은 오후 무렵. 행사장을 둘러보다 서울 거리 아티스트 공연 중 하나인 광
대 마임 쇼를 30분가량 즐겼습니다. 평소 청계천에서 공연을 늘 한다는 이 아
티스트는 아이들에게 잊지 못할 추억을 선물하더군요. 그가 펼치는 레퍼토리
는 입을 다물지 못할 정도로 무궁무진했습니다. 거의 달인의 경지에 이른 듯했
죠. 모두가 그 익살과 재미에 푹 빠져 있었습니다. 저는 그 모습을 보는 게 더
즐거웠습니다.

　아기자기하게 장식된 포토 존에서는 많은 시민들이 사진을 찍느라 정신없
었습니다. 그들은 즐거운 추억을 앨범에 아니 자신들의 가슴속에 담고 있더군
요. 저는 여러 프로그램이 알차게 운영되는 현장을 눈으로 확인하면서 페스티
벌을 주최한 보람을 느꼈습니다.

　드디어 제가 가장 기대했던 「물 위의 오케스트라」 공연이 시작됐습니다. 음
악에 맞추어 분수가 춤을 추는 것이죠. 한강 전시관 앞 잔디밭에는 이미 2,000

명가량의 시민들이 자리하고 있었습니다. 오전에 내린 비 덕분에 더욱 청명하던 하늘에 점차 석양이 물들어가니 멋진 분위기가 연출됐습니다. 시원한 바람도 불어왔습니다.

헨델의 수상 음악을 들으며 솟구쳐 오르는 분수를 즐기는 사람들의 탄성. 오펜바흐의 「천국과 지옥」의 박자에 맞추어 아이와 함께 몸을 흔드는 젊은 부모의 모습. 「섬머 타임」 등 영화 주제가로부터 「소양강 처녀」에 이르기까지 다양한 음악에 흠뻑 빠져 손뼉으로 박자를 맞추는 사람들. 그리고 코리안 팝스오케스트라 지휘자의 어눌하고 정겨운 인사말.

준비된 프로그램이 끝났는데도 사람들은 계속 앙코르를 외치며 자리를 뜨지 않았습니다. 그러자 지휘자가 "제발 가세요." 하고 애교스런 말투로 애원하기도 했습니다. 여기가 바로 천국이라는 감상에 잠기게 되더군요.

'이런 분위기의 도시를 만들고 싶다!'

제가 속으로 한 생각이었습니다.

서울 시내 곳곳에 이런 공간이 만들어져야 합니다. 1년 내내 이렇게 행복하고 즐거워하는 시민들을 보고 싶습니다. 물론 서울시는 이와 관련해 다양한 프로젝트를 이미 시행하고 있습니다.

한강 르네상스, 남산 르네상스, 동대문 디자인 플라자, 강

좌측에서 시계 방향으로
● 하이 서울 페스티벌에 참석한 시민들
● 선유도 「물 위의 오케스트라」
● 몬스터발레

난생처음 해본 와이어액션. 하이 서울 페스티벌 여름 축제의 개
막식 오프닝 무대였다. 내심 긴장했는데 착지까지 무사히 마무
리해 얼마나 다행이었던지.

북 대형 공원, 어린이 공원 야외 공연
장 프로젝트 등.

그렇지만 앞으로는 계절의 변화에
관계없이 즐길 수 있는 공간을 많이
만들고 싶습니다. 그리고 프로그램도
더욱 다양하게 마련해야겠습니다. 아
이와 젊은 부모가 함께 춤을 추며 웃
던 모습이 생각납니다. 사람들이 분
수 공연을 보며 지르던 탄성도 아직
귀에 선합니다. 나이 지긋한 분들의
잔잔한 미소도 눈앞에 아른거립니다.

그들의 행복해하던 표정을 잊지 않으렵니다.

2008년 8월 17일

02

서울을
파는 데
미치다

서울을 전 세계에
팔겠습니다

저는 많은 분들이 알다시피 스포츠 마니아입니다. 특히 걷고 뛰고 헤엄치는 유산소 운동에서 꽤 큰소리를 치는 편입니다. 그런데 스포츠 종목 중에 저와영 인연이 없는 종목들도 있습니다. 예컨대 축구·야구·골프 등 공을 사용하는 것입니다. 보고 즐기기엔 그만한 스포츠가 없는데 직접 공을 잡으면 몸이제 맘 같지 않습니다. 그런데 시장이 된 후로는 웬일인지 구기 종목과 인연이 깊어졌습니다. 몇 가지 사례를 들면 이렇습니다.

저는 취임 직후부터 골프장 예정지였던 난지 공원을 가족 공원으로 바꾸기위해 정신없이 뛰어다녔습니다. 특정인만의 장소가 아니라 시민 모두를 위한 장소로 바꾸기 위해서였죠. 또 동대문 운동장 터에 동대문 디자인 플라자를 준공하기 위해 야구계와 지속적으로 만나며 설득하는 시간을 가져야 했습니다.

맨유가 뛸 때마다 서울이 홍보된다

영국 맨체스터 유나이티드 팀과의 인연도 남다릅니다. 지금까지도 그 인연 때문에 많은 축구 팬들의 원성을 사고 있으니 인연은 인연인가 봅니다.

작년 여름 서울시는 맨체스터 유나이티드 팀과 스폰서십 계약을 체결했습니다. 맨유 경기가 벌어지는 경기장의 전광판에 서울시 광고물을 내보내고 언론인터뷰 배경 막과 맨유 공식 홈페이지 등에 서울시를 노출하는 일종의 스포츠마케팅이었습니다. 그런데 그 보도가 나가면서 예상치 못한 댓글이 이어졌습니다. 서울시장이 왜 해외 축구 팀에 신경을 쓰느냐는 지적부터 세금 아깝다는 비난까지 줄줄이 올라왔습니다.

참 안타까웠습니다. 도시의 브랜드 마케팅에 대해 잘 모르는 분들이 많다 보니 빚어진 오해였기 때문입니다. 전문가들은 맨유 스폰서십의 경우 30억 원 정도를 투자해서 300억 원의 홍보 효과를 거둔다고 입을 모읍니다. 그래서 관광 산업에 집중하는 아시아 도시들이 서로 눈독을 들이는 계약이기도 하죠. 그런 계약을 서울이 따왔는데 비난이 쏟아지니 난감하더군요. 그런 오해 어린 시선은 지금까지도 여전히 남아 있습니다.

그런데 어제 어느 블로거의 글을 반갑게 읽었습니다.

'서울시와 맨유, 마카오의 맨유 체험장'이라는 제목의 글입니다. 그 블로거는 브랜드 마케팅 전략에 대해 정확히 알고 있는 분이었습니다. 일부를 그대로 옮겨보겠습니다.

(서울시가) 작년에 20억 원이 넘는 돈을 맨유에 투자했는데 올해 얼마나 관광 수입이 늘었느냐? 별 광고 효과를 보지 못했다 등의 말을 하는 사람들이 많다. 하지만 이는 마케팅의 M자도 모르는 말로 스폰서십이라는 것은 일반 광고나 프로모션과는 다르고 어쩌면 더 광범하고 장기적인 전략이다.

(……)

무조건적 단기간 광고 효과를 바랄 것이 아니라 장기적인 브랜드 전략을 이해하고, 계약된 내용에 따라 효율적인 마케팅을 구사하는지 지켜봐야 한다.

서울은 불가능이 없는 도시다

좌측에서부터
● 서울을 알리는 부스 앞에서 포즈를 취하는 맨유 팬
● 맨유 팬이 본 Seoul is……

이를 통해 소위 본전을 뽑아보자는 것이다.

— 하늘소님 블로그 http://blog.naver.com/artlife

지금, 서울을 팔아야 하는 이유

21세기는 브랜드가 경쟁력입니다. 국가도 마찬가지겠죠.
특히 무역으로 먹고사는 우리 입장에서는 국가 브랜드 이미지가 제품의 경쟁
력을 좌우한다는 점을 분명 인식해야 합니다.

한때 '메이드 인 USA' '메이드 인 재팬' 하면 품질을 확인하지 않고도 제품을

사지 않았습니까? 따라서 외국인들이 '메이드 인 코리아'라는 글자만으로도 지갑을 열게끔 대한민국의 브랜드 이미지를 높여야 합니다.

대한민국의 브랜드는 누가 이끌어갈까요? 단연 서울입니다. 미국 하면 뉴욕, 프랑스 하면 파리, 중국 하면 상하이가 떠오르듯 국가의 브랜드 이미지는 대표 도시의 브랜드 이미지에 큰 영향을 받기 때문입니다.

도시 브랜드 이미지를 만들어내는 데 마케팅은 가장 효과적 수단 중 하나입니다. 그리고 그러한 도시 브랜드 마케팅은 꾸준한 투자를 통해서 결실을 맺을 수 있습니다. 지금 우리가 맨유와 스폰서십 계약을 맺고 전방위적으로 서울을 홍보하는 이유가 거기에 있습니다.

얼마 전 반가운 보고를 받았습니다. 맨체스터 유나이티드 축구 팬들을 대상으로 조사한 결과입니다. 1년 전 14퍼센트였던 서울에 대한 인지도가 2009년에는 38퍼센트까지 상승했다는군요. 경제가 어렵습니다. 그럴수록 우리는 미래를 위해 꾸준히 투자해야 합니다. 우리뿐만 아니라 우리의 후손을 위해서라도 말입니다.

2009년 11월 29일

세계는 도시 마케팅 전쟁 중

2007년 이맘때가 생각납니다. 당시 서울시는 예년에 40억 원 수준이던 해외 마케팅 예산을 400억 원으로 열 배 이상 올려 책정했습니다. 여론이 들끓었습니다. 올해 1년 내내 서울시의 해외 마케팅 예산은 시의회에서, 언론에서, 인터넷상에서 그야말로 동네북 신세와 같았습니다.

예산을 편성한 직후 신문의 1면 톱에는 '중앙 정부보다 홍보비를 더 쓰는 서울시'라는 내용의 기사가 올라왔습니다. 중앙 정부도 그만큼 홍보를 안 하는데 하물며 지방 자치 단체인 서울시가 공격적으로 해외 홍보를 하는 게 적절하냐는 지적이었습니다. 그리고 기사 내용이 "서울시장이 자신을 홍보하기 위해 수백억 원을 들여 광고한다더라."로 부풀려져 인터넷을 돌기 시작했습니다. 21세기 도시 마케팅의 중요성을 간과한 기사도 딱했지만 해외에서 서울을 홍보하는 것을 서울시장을 홍보하는 것으로 왜곡하는 소문도 참 어이없었습니다.

대폭 늘어난 홍보 예산은 서울을 알리는 CF를 제작하고, 제작한 CF를 각국에서 방송하고, 뉴욕의 타임스스퀘어에 서울을 알리는 광고를 내걸고, 파리와 도쿄 거리에 서울의 홍보물을 입힌 래핑 버스를 지나다니도록 하고, 각종 스포츠 마케팅 활동에 참여하고, 한류 스타를 내세워 전방위 홍보 전략을 구사하는 데 쓰였습니다. 그야말로 순수하게 서울을 홍보하는 데 든 비용이죠.

지금 세계 유수 도시들 사이엔 도시 마케팅 전쟁이 벌어지고 있다고 해도 과언이 아닙니다. 도시를 알려 전 세계 관광객을 불러들이기 위해서입니다.

각 도시들이 관광객 유치에 매진하는 이유가 있습니다. 관광객 26명이 들어오면 일자리 하나가 창출됩니다. 고급 관광객 1명이 대한민국을 찾으면 중형차 1대를 수출한 것과 맞먹는 효과가 있다는 통계도 있습니다. 외국 관광객 100만 명이 서울을 찾는다면 무려 3만 8,400개의 일자리가 만들어진다는 겁니다. 취업난이 극심한 현재 관광 산업이야말로 일자리 창출에 큰 기여를 할 것

으로 기대됩니다.

효율성을 따져도 그렇습니다. 관광 산업은 휴대폰 산업이나 반도체 산업과 비교했을 때 현금 가득률이 2배입니다. 투자 대비 벌어들이는 돈도 다른 산업의 2배에 달합니다. 따라서 우리 라이벌 도시들은 이미 수년 전부터 관광객 유치를 위해 해외 마케팅에 수백억 원을 쏟아붓고 있습니다.

최근 세계적인 관광 도시로 성장한 싱가포르와 홍콩 두 도시는 2004년에 이미 적게는 500억 원에서 많게는 800억 원까지 해외 마케팅에 투자하기 시작했습니다. 그 결과 관광객 수가 30, 40퍼센트 넘게 증가했다고 합니다. 서울시가 과거에 비해 대폭 해외 마케팅 비용을 증액 책정한 건 이러한 시대적 흐름을 반영하기 위해서였습니다.

사정이 이러한데도 예산 증액에 대한 이해 부족과 오해는 쉽게 사라지지 않았습니다. 앞에서 이야기한 맨유 파동도 그중 하나였습니다. 특히 이를 정치적

으로 이용하는 분들이 있다 보니 툭하면 서울시의 홍보비 논란이 불거지기도 합니다. 그렇다고 지금까지 해온 해외 마케팅 투자를 없던 일로 할라면 시작 하지 않은 것만도 못합니다.

그런 오해를 사도 이제는 별수 없습니다. 그저 버틸 수밖에요. 처음부터 단 시간 내 성과가 날 일이 아니라는 점을 알고 있었기에 조급하진 않습니다. 뿌 린 만큼 거둘 것이라는 믿음이 가장 큰 힘이 됩니다.

통나무를 쪼개 장작을 만드는 데 8시간이 걸린다면 그중 6시간은 도끼날을 날카롭게 가는 데 쓰여야 한다고 링컨이 말했던가요? 해외에 서울을 홍보하 는 일은 장기적인 투자와 같습니다. 해외 마케팅은 서울의 브랜드 가치를 높이 는 과정입니다. 조금은 더 참고 기다려주시기를 바라봅니다.

2008년 12월 15일

도시 마케팅의
진화

::

　일전에 가수 비와 식사를 한 적이 있습니다. 그에게 고맙다는 인사를 해야할 일도 있고 또 서울시를 위해 더 많은 활동을 부탁하고 싶어 마련한 자리였습니다. 참 속이 꽉 찬 젊은이였습니다. 나이는 20대인데 훨씬 사고의 폭이 넓고 성숙하더군요. 그런 비를 이번에는 제가 청와대에서 거론했습니다. 지난 화요일 국가 브랜드 위원회 1차 보고 회의 때의 일입니다.

월드 스타 비를 청와대에서 거론한 까닭

　　　　　　국가 브랜드위원회는 올 1월 대통령 직속 기구로 공식 출범했습니다. 2008년 대한민국 국가 브랜드는 세계 50개 나라 중에서 33위입니다. 경제 규모에서는 10위권인 우리가 브랜드 순위에서는 멕시코, 인도, 중국보다도 처졌습니다. 이런 문제를 해결하기 위해 마침내 중앙 정부가 팔을 걷어붙인 것입니다.

　지난 3년 동안 서울의 브랜드 제고를 위해 전 세계를 무대로 외롭게 달려왔던 저로서는 천군만마를 얻은 기분이었습니다. 바로 그 자리에서 비와 관련된 이야기를 포함해 그동안 서울시가 펼쳐온 브랜드 제고 전략을 발표한 것입니다.

　서울에는 정말 아름다운 명소들이 많습니다. 그런데 취임하고 나서 서울을 소개하는 홍보물을 보니 전부 천편일률적이더군요. 색동옷을 입은 화동들이 한옥을 배경으로 손에 손을 잡고 노래 부르며 춤을 추는 화면.

　저는 뭔가 색다른 게 없을까 고민했습니다. 문득 월드 스타 비가 생각나더군요. 당장 월드 스타 비의 삶을 주제로 한 다큐멘터리를 만들기로 했습니다.

월드 스타 비의 다큐멘터리는 한류 스타와 서울
의 이미지를 결합한 스토리텔링 기법의 다큐멘
터리이다. 비에게 관심이 있는 아시아·오세아니
아·유럽 지역 팬들에게 다큐멘터리를 보여주면
서 서울의 아름다움과 열정을 접하게 하는 브랜
드 마케팅 전략이라 할 수 있다.

가수 비가 출연하는 화면 뒤로 서울의 명소를 자연스럽게 보여주면 홍보 효과
가 클 거라는 기대 때문이었죠.

비의 다큐멘터리는 한류 스타와 서울의 이미지를 결합한 스토리텔링 기법의
다큐멘터리입니다. 비에게 관심이 있는 아시아·오세아니아·유럽 지역 팬들에
게 다큐멘터리를 보여주면서 서울의 아름다움과 열정을 접하게 하는 브랜드
마케팅 전략이라 할 수 있습니다. 드라마 「겨울연가」와 「대장금」을 보면서 한
국에 관심을 가지게 된 사람들이 직접 한국을 방문하기도 했죠. 이를 떠올리면
어떤 의미인지 금방 이해하실 것입니다.

이렇게 한류 스타와 함께 도시 브랜드 마케팅에 나선 것은 전무후무한 일입
니다. 청와대에서 소개할 만큼 말입니다. 특히 당시 비는 출연료 한 푼 받지 않
고도 적극 참여해주었습니다. 어찌나 고맙던지 저는 그에게 점심 대접을 했습
니다. 그리고 그 자리에서 아예 서울시 홍보 대사를 하면 어떻겠냐고 제안했습

니다. 비는 흔쾌히 수락하더군요. 제가 특히 반가웠던 것은 국가와 도시 브랜드 마케팅의 중요성에 대해 그가 이미 너무나 잘 알고 있었다는 점이었습니다.

뿐만 아니라 그는 형식적인 홍보 대사는 싫고 실질적인 도움을 주고 싶다고도 했습니다. 현재 구체적인 홍보 방안들이 논의되고 있습니다. 예컨대 CNN에서 방영되는 다큐멘터리에 비가 출연해 서울 이야기를 한다든지, 비의 아시아 순회공연 때 서울시 홍보 영상을 방영하고 기념품을 배포한다든지 하는 등의 일입니다.

서울을 전 세계에 알려야 하는 서울시장으로서 정말 고마운 일입니다. 더 욕심을 낸다면 비처럼 서울을 위해 애써주는 한류 스타들이 더 많이 나오기를 간절히 고대합니다.

2009년 3월 20일

드라마 마케팅

지난 수요일 아시아의 내로라하는 스타 방송 작가들이 서울에 모였습니다. 한국·일본·중국·대만 등 아시아 9개국 작가 80여 명과 제작자 및 감독들이 함께했습니다.

우리나라 대표로는 김수현 작가가 참석했습니다. 일본에서 「아네고」「도쿄타워」「파견의 품격」 등 숱한 히트작을 내 우리나라에도 잘 알려진 나카조노 미호 작가도 참석했습니다. 중국의 유명한 장롄성 작가도 자리를 지켰습니다.

좀처럼 모이기 힘든 분들이 이렇게 한자리에 모인 이유는 서울시가 주최한 '아시아 방송 작가 컨퍼런스' 때문이었습니다.

모두들 서울시가 아시아 방송 작가들을 초청해 밥을 사는 이유가 궁금하시겠죠? 한 마디로 집필하는 드라마의 배경으로 서울을 꼭 넣어달라고 부탁하기 위해서입니다. 일종의 세일즈인 셈입니다.

제가 관광 산업이 중요하다는 얘기는 누차 말씀 드렸습니다. 그런데 관광객을 끌어들이는 데 큰 영향을 미치는 건 바로 드라마와 영화 같은 콘텐츠입니다. 영화나 드라마 한 편이 서울에 대한 이미지를 확 바꾸어놓을 수 있다는 말이지요.

쉬운 예가 「섹스 앤 더 시티」 아닐까요? 그 드라마를 본 젊은 여성들은 뉴욕을 굉장히 매력적인 도시로 느낀다고 합니다. 오죽하면 뉴욕 관광 코스 중에 드라마에 나온 곳을 찾아다니는 '섹스 앤 더 시티 코스'가 나왔을까요?

특히 국적에 상관없이 재미있는 드라마에 열광하는 게 현실이라 인기 드라마의 배경으로 서울의 아름다운 풍광이 등장한다면 홍보 효과가 꽤 클 것입니다. 즉 도시의 브랜드 가치를 높이고 관광객을 끌어들이는 데 아주 효과적이란 말씀입니다.

그래서 서울의 국제적인 브랜드 이미지를 높이기 위해 서울시장인 제가 직접 작가와 제작자들을 초청해 서울을 홍보하기로 한 것입니다. 영화와 드라마를 통해 서울의 아름다운 이미지가 많이 노출되면 세계인들에게 서울이 매력적인 도시로 각인되지 않을까요? 제가 그들에게 밥을 산 이유입니다.

서울의 브랜드 가치를 높이고 국가 경쟁력을 끌어올리는 일은 끊임없이 노력을 기울여야 성과를 거둘 수 있습니다. 그만큼 쉽지 않은 일입니다.

실제 제1회 부산 대회가 끝나고 일본 작가가 부산을 배경으로 영화 「꽃의 그림자」를 제작했습니다. 또 제3회 나가사키 대회가 끝나고는 일본 작가와 한국 배우들이 공동으로 참여해 8편의 「텔레시네마」를 제작하는 중이라고 합니다. 기대가 됩니다.

　제가 콘텐츠를 제작하는 분들에게 밥을 산 경우는 그동안 종종 있었습니다. 작가뿐 아니라 감독과 제작진들을 만나 수차례 부탁을 하곤 했습니다. 드라마나 영화를 찍을 때 서울이 로맨틱한 이미지의 도시로 보이도록 아름답고 보기 좋은 곳을 배경으로 많이 활용해주십사 했던 것이죠. 드라마와 영화를 보고 서울에 꼭 한 번 가보고 싶다는 생각이 들게끔 만들어달라는 부탁이었습니다.

　최근 그 성과가 제법 눈에 띕니다. 선풍적인 인기를 모았던 「꽃보다 남자」 같은 드라마에 서울의 아름다운 풍광이 자주 나오지 않았습니까? 무지개 분수, 시립 미술관, 남산 타워 등이 등장했는데 제 눈에는 배우보다 배경이 더 쏙쏙 들어오더군요. 요즘 이 드라마가 해외에도 인기리에 방송되고 있다니 서울시로서는 얼마나 반가운 소식인지 모르겠습니다. 한류 팬들은 주인공이 잠시 대화를 나눈 커피숍까지 찾아와 관광을 할 정도니 말입니다.

　그동안은 이렇게 국내 제작진들을 상대로 세일즈를 펼쳤습니다. 아시아인들이 한국 드라마를 보고 그 드라마의 배경이 된 서울을 찾도록 했던 것이죠. 하지만 아시아 방송 작가 컨퍼런스 같은 다양한 지원책은 그 상대를 해외로 넓힌 것입니다. 이런 시도가 차츰 성과를 내기 시작할 무렵이면 해외 제작진 스스로 자신의 드라마를 찍기 위해 서울을 찾을 것입니다. 지금 우리가 프라하, 시드니, 삿포로 등지로 해외 로케를 나가듯이 말입니다. 그렇게 되면 수많은

광화문 광장을 배경으로 제작된 드라마 「아이리스」의 한 장면. 앞으로 '아이리스 관광
코스'가 나올 예정이다.

외국인들이 드라마 속에 나온 서울의 명소들에 반해 또 한 번 비행기를 타지
않을까요? 모두가 서울을 찾지 않더라도 그들의 머릿속에 서울이 로맨틱하고
매력적인 도시로 남지 않을까요?

무엇보다도 북핵 문제 등으로 우리 서울이 세계인들에게 불안하다는 이미
지로 비치는 게 늘 걱정입니다. 하지만 드라마와 영화를 통해 서울의 이미지가
평화롭고 매력적으로 비친다면 그런 부정적인 이미지가 충분히 상쇄되지 않을
까 싶습니다.

2009년 6월 6일

서울은 모든 것이
가능한 도시다

최근 참 안타까운 이야기를 많이 접합니다. 광화문 광장에서 FIS 스노보드 월드컵 '빅 에어' 대회를 치르는 걸 두고 이런저런 말이 오갑니다. 그중 가장 답답한 것은 이번 대회가 제 선거 전략의 일환이라는 오해입니다.

아시아 최초 FIS 스노보드 월드컵 빅 에어 개최

FIS 스노보드 월드컵 빅 에어는 세계적으로 널리 알려진 동계 스포츠 대회입니다. 아시아에서는 서울에서 최초로 개최되는 것입니다. 게다가 광화문 광장처럼 도심 한복판에서 개최되는 경우는 지금껏 없었습니다. 유래가 없는 일은 곧 뉴스가 되는 법입니다.

실제 170여 개 국가에 영상으로 소개되는 등 이번 대회에 쏠리는 세계인의 관심은 다른 어떤 국제 대회보다 뜨겁습니다. 현장을 본 어느 외교관은 "서울은 불가능이 없는 도시다Nothing is impossible in Seoul." 라며 찬사를 보냈습니다.

다양한 체험이 가능한 도시, 역동적인 도시, 불가능이 없는 도시는 우리가 만들고 싶은 서울의 이미지입니다. 이제 목표가 조금씩 달성되는 느낌입니다.

서울시가 광화문 광장에서 대회를 치르기로 한 건 서울을 세계 각국에 널리 알리기 위해서입니다. 제 블로그를 관심 있게 본 분들은 잘 알겠지만 저는 지금 서울의 브랜드 마케팅에 미쳐 있습니다. 그동안 참 다양한 홍보 마케팅을 펼쳤습니다. 다행히 노력이 헛되지 않았습니다.

국가와 도시 브랜드 조사 기관인 안홀트-GMI가 발표한 바에 따르면 2006년 44위이던 서울의 도시 브랜드 순위가 2008년에는 33위로 뛰어올랐습니다.

일본과 중국에서는 2년 연속 '아시아에서 가장 방문하고 싶은 도시' 1위를 차지했습니다. 이전에는 한 번도 이룬 적 없는 성과입니다.

이러한 성과는 서울의 관광객 유치로 이어졌습니다. 민선 4기 이전까지 602만 명이던 관광객은 3년 만인 올해 780만 명을 유치할 것으로 전망됩니다. 무려 30퍼센트 증가하는 겁니다. 특히 작년에 서울을 방문한 외국인 관광객의 만족도는 무려 84.6퍼센트에 이르렀습니다.

한때 환율 특수 때문이라고 보도된 적이 있었지만 세상에 불로소득은 없습니다. 저는 이것이 서울시의 투자와 홍보 마케팅 덕분이라고 확신합니다. 환율이 안정된 상태인 데다 관광 비수기인 지금도 서울 시내 특급 호텔에는 빈 방이 없습니다. 더 이상 말을 하지 않아도 무슨 뜻인지 아실 겁니다.

전문가들은 관광객 26명이 들어오면 일자리 1개가 창출되고, 관광객 1명은 213만 원의 생산 파급 효과가 있다고 강조합니다. 서울을 홍보하고 서울의 브랜드 마케팅을 강화하면 일자리가 창출되고 경제가 활성화되는 것이죠. 그런데도 서울시의 이러한 노력에 대해 '서울시장 재선용'이라는 딱지를 붙이고 있습니다. 참 답답합니다.

물론 지방 선거가 6개월 앞으로 다가왔습니다. 그리고 저는 재선 의지를 밝혔습니다. 그러다 보니 제가 하는 일 모두가 표심을 얻기 위한 행보라며 비판하는 분들이 늘고 있습니다.

그분들께 되묻고 싶습니다. 이런 식으로 비난만 한다면 임기 4년의 서울시장 특히 재선 의지를 밝힌 시장은 임기 2년이나 3년까지만 일하고 그 다음부

FIS 스노보드 월드컵 빅 에어. 관광객 26명이 오면 일자리 1개가 창출된다. 관광객 1명은 213만 원의 생산 파급 효과가 있다. 내가 서울을 홍보하고 서울의 브랜드 마케팅을 강화하는 이유다. 관광객이 늘어나면 저절로 일자리가 창출되고 경제가 살아난다.

터는 일하지 말라는 것입니까? 서울 시정의 특성상 3년 후 혹은 5년 후를 바라보며 계획을 세우고 추진해야 하는데 임기 말이 다가오면 무조건 손을 놓아야 한다는 말입니까?

제가 이렇게 작심하고 말씀 드리는 이유가 있습니다. 최근의 비판을 접하면서 저를 믿고 노력한 직원들에게 고개를 들 수가 없기 때문입니다.

도시 마케팅의 경제적 효과

서울시 직원들도 처음에는 '도시 마케팅'에 대해 무척이나 생소하게 생각했습니다. 그런 직원들에게 도시 마케팅의 중요성을 알리고 이를 체화하도록 하는 데만 2, 3년이 걸렸습니다. 지금 서울시 직원들은 완전히 변했습니다. 서울 브랜드 마케팅의 중요성에 대해 스스로 연구하고 아이디어를 낼 정도입니다.

이번 스노보드 월드컵 빅 에어 대회 역시 서울시 직원들이 먼저 제안한 아이디어였습니다. 작년 11월 서울 브랜드 마케팅 회의에서 아이디어가 나왔고 올해 5월 조직위원회에 유치 신청을 해서 마침내 대회를 유치하게 된 것입니다. 이것만으로도 엄청난 변화입니다. 그런데 일부 오피니언 리더 중에는 공무원들이 쓸데없는 일을 벌였다고 비판하고 있습니다.

2010년은 한국 관광의 해입니다. 우리나라를 방문하는 관광객의 80퍼센트는 서울로 옵니다. 얼마 전 드라마 「아이리스」의 광화문 광장 촬영을 허가하고 광화문 광장에 스노보드 월드컵 행사를 마련한 것도 서울을 더 효과적으로 알리고 보다 많은 관광객을 끌어 모으려는 서울시의 고육지책입니다.

저는 서울시의 도시 브랜드 마케팅이 저의 재선과는 비교할 수 없을 만큼 더 중요한 사안이라고 생각합니다. 이러한 저와 서울시의 진심을 보다 나은 서울을 꿈꾸는 시민들이 공감해주시기를 간절히 기원합니다.

2009년 12월 12일

사이먼 안홀트에게
듣다

::

브랜드 컨설팅의 세계적인 권위자인 사이먼 안홀트 씨가 서울에 왔습니다.

그는 해마다 50개 주요 국가를 대상으로 국가 브랜드 지수와 도시 브랜드 지수를 조사 분석해 발표하는 안홀트-GMI의 창립자입니다. 우리 대한민국의 관광 브랜드인 '코리아 스파클링Korea Sparkling'과 뉴질랜드의 관광 브랜드인 '100퍼센트 퓨어 뉴질랜드Pure New Zealand'를 만든 장본인이기도 합니다.

그가 서울에 온 이유는 서울국제경제자문단SIBAC에 참석하기 위해서입니다. SIBAC은 2001년 설립된 서울시장 자문 기구입니다. 세계에서 내로라하는 경제 전문가와 CEO 30명으로 구성돼 있습니다. 이들은 1년에 한 차례씩 모여 서울의 경쟁력 제고를 위한 방안에 대해 다양한 토의를 벌입니다.

도시 브랜드를 높이는 세 가지 비결

가장 인상적인 순서는 역시 사이먼 안홀트의 기조연설이었습니다. 그는 전 세계 도시들이 관광객, 인재, 투자 자본, 국제 행사 등의 한정 자원을 두고 무한 경쟁을 벌이고 있다고 진단했습니다. 그런데 수백 개나 되는 도시의 차이를 일반인들이 한눈에 알아볼 방법이 없기 때문에 도시의 명성 즉 브랜드가 승패를 결정한다고 강조했습니다.

그러면서 브랜드 가치를 높이기 위해 가장 역점을 두어야 하는 것 세 가지를 조언했습니다. 브랜드에 관심이 있는 분들을 위해 간단히 정리해보겠습니다.

첫째는 전략이 있어야 한다는 것입니다.

서울이 어디에 있고 앞으로 어디로 갈 것인가에 대한 비전이 있어야 한다는 이야기입니다. 이는 '서울이 뭔가?' '서울이 내게 어떤 도움이 되는 도시인가?' 하는 세계인들의 질문에 구체적인 답변을 가지고 있어야 한다는 겁니다. 서울 만이 가진 서울의 독특한 점을 발견해야 한다는 뜻이기도 했습니다.

둘째는 내용이 있어야 한다는 것입니다.

홍보용 슬로건만으로는 이미지나 명성이 절대 만들어지지 않는다는 주장입 니다. 즉 실질적이고 직접적으로 세계인들이 보고 느끼고 경험할 수 있는 것이 있어야 합니다. 그래야 서울에 대한 이미지가 만들어지고 명성이 만들어지고 브랜드 가치가 높아진다는 설명이었습니다.

셋째는 상징적인 행동이 있어야 한다는 것입니다.

사람들이 서울의 특징을 파악할 수 있도록 주기적으로 상징적인 정책과 아 이디어를 내놓아야 한다는 설명이었습니다. 그는 이러한 것을 일관성 있게 추 진하는 것이 중요하다고 역설했습니다.

이날 SIBAC에서의 만남은 우리의 세 번째 만남이었습니다. 첫 번째 만남은 포럼 전날 단독으로 이루어졌습니다. 그때 어찌나 할 말이 많았는지 예정 시 간을 한 시간이나 넘겼습니다. 그래도 아쉬워 저녁에 예정에 없던 식사 약속을 잡아 두 번째 만남을 가졌습니다. 그리고 SIBAC에서 세 번째 만난 것입니다. 세 번 모두 참 유익한 시간이었습니다.

더욱 기뻤던 것은 그를 만날 때마다 마음 한구석에 안도감이 쌓인다는 사실 이었습니다. 그는 서울시가 지금까지 추진해온 브랜드 마케팅의 방향이 틀리 지 않았음을 확인해주었기 때문입니다.

브랜드 컨설팅의 세계적 권위자 사이먼 안홀트는 서울이 가진 가장 중요한 잠재력으로
강력한 리더십을 꼽았다.

　시장에 취임한 2006년만 하더라도 우리에게 국가나 도시 브랜드 전략이라
는 말은 매우 낯설었습니다. 하지만 저는 국민 소득 2만 달러를 넘어서는 시점
에 브랜드 경쟁력이 매우 중요한 요소가 될 거라고 확신했습니다. 그래서 취임
이듬해인 2007년을 '서울 브랜드 마케팅의 원년'으로 정해 정신없이 달려왔습
니다.

　당시 제가 정한 원칙은 하나였습니다. 서울의 브랜드 경쟁력을 높이려면 우
선 명실상부한 내용을 갖추어야 한다는 것입니다. 즉 누구나 찾아오고 싶고,
살고 싶고, 투자하고 싶은 매력적인 도시로 만들어야 한다는 생각이었습니다.

저는 문화와 예술, 디자인과 환경이 가장 효과적인 수단이라고 판단했습니다. 그래서 지금까지 한강 르네상스, 남산 르네상스, 디자인 서울 프로젝트, 광화문 광장, 북서울 꿈의 숲, 컬처노믹스 등의 정책을 지속적으로 펼치고 있습니다.

이러한 서울의 노력에 대해 사이먼 안홀트 씨도 높게 평가했습니다. 브랜드는 어떻게 포장하느냐가 아니라 어떻게 보이고 있느냐에 따라 형성된다고 강조하면서 말입니다.

소규모 군대가 대규모 군대를 이기려면

사이먼 안홀트는 SIBAC 기조연설에서도 서울의 가능성에 높은 점수를 주었습니다. 특히 포럼 중간의 기자 회견에서 서울의 가장 큰 잠재력을 묻는 질문에 이렇게 답하더군요.

"서울이 가진 가장 중요한 잠재력은 강력한 리더십입니다."

그에 따르면 브랜드 가치를 높이는 중요한 조건 중 하나는 리더가 미래 비전과 브랜드 전략에 대한 해답을 갖고 있어야 한다는 점입니다. 그런데 그는 이틀 동안 저를 만나 대화를 나누면서 서울은 이미 그런 리더를 갖고 있다는 느낌을 받았다고 했습니다. 브랜드 컨설팅 분야의 세계적 권위자의 입에서 나온 예상치 못한 답변에 기자도 놀라고 저도 놀랐습니다.

그는 덧붙였습니다. 서울의 브랜드 가치를 높이기 위해 강력한 리더십만큼이나 중요한 것이 또 있다고 말입니다.

사진 © 심현철, 「코리아 타임스」

상단 좌측에서부터
● 서울 광장 스케이트장
● 광화문 광장 스케이트장

"시민 모두가 같은 비전을 공유해야 합니다."

그는 대부분의 서울 시민들은 서울의 브랜드 가치를 높이는 것이 왜 중요한지 잘 모르는 것 같다는 것이 그의 평가였습니다. 그는 모두가 비전을 공유하고 성과가 날 때까지 기다려주는 인내심이 필요하다고 충고했습니다.

마지막으로 나폴레옹이 했다는 말을 들려주더군요.

"작은 규모의 군대가 대규모의 군대를 이기려면 꼭 필요한 것이 있다. 서로 발걸음을 맞추는 것이다."

우리는 서울과 대한민국의 브랜드 가치를 높여야 합니다. 그가 전해준 조언과 나폴레옹의 명언 모두 두고두고 되새겨볼 만한 말이 아닌가 싶습니다.

2009년 10월 30일

03

서울의
행복에
미치다

서울 시민
행복 디자이너 120

오늘 신문에 난 사진 한 장 때문에 여러 사람들로부터 질문을 받았습니다. 특별 강연 도중 제가 큰절을 한 사진이었는데 다들 그 사유를 궁금해하더군요. 아마 인터넷으로 기사를 접한 분들이 많을 텐데 조금 설명을 하겠습니다.

그 일은 어제 벌어졌습니다. 제게 절을 받은 분들은 서울시 민원 전화인 '120 다산 콜센터'의 신규 직원들입니다. 서울 시정을 설명하고 격려하는 자리였는데 앞으로 서울시를 위해 열심히 일해달라는 제 마음을 그렇게 표현한 것이었죠.

무릎 꿇고 고개 숙여 고백한 감사

제가 큰절을 해야겠다고 마음먹은 것은 어제 아침 서울시 간부들과 함께 미국의 저명한 심리학자인 미하이 칙센트미하이^{Mihaly Csikszentmihalyi}의 강연을 듣고서였습니다.

서울시는 과장급 이상 간부들의 역량 강화를 위해서 한 달에 한두 번 저명인사들을 모셔서 최신 트렌드에 관한 강연을 듣습니다. 어제의 초청 강사는 『몰입의 경영』으로 유명한 미하이 칙센트미하이였습니다. 내일부터 시작되는 '창의 시정 컨퍼런스' 참석차 내한한 그를 서울시청에 초청한 것입니다.

그는 '가장 행복한 사람은 자신이 하는 일에 보람을 느끼며 몰입한 사람'이라고 강조하더군요. 저는 고개를 끄덕이며 120 다산 콜센터 직원들을 머릿속에 떠올렸습니다.

120 다산 콜센터는 하루 종일 시민의 전화를 받고 민원을 해결해드리는 곳

입니다. 그런데 일이 생각만큼 쉽지 않습니다. 전화로 단순 정보를 묻는 분들이 대부분이지만 비난이나 비방 혹은 욕설로 직원들을 힘들게 하는 분들도 많습니다. 그런 것을 참아내며 늘 웃으며 상담해야 하는 게 직업적인 애로 사항입니다.

하지만 그들은 또한 서울시의 얼굴입니다. 시민들이 서울시와 소통하고자 할 때 일선에서 마주치게 되는 이들이 바로 120 다산 콜센터 직원들입니다. 서울시는 시민을 고객으로 모시고 다양한 행정 서비스로 행복감을 높여드려야 할 의무가 있는 만큼 이들 직원의 친절한 대응이 무척 중요할 수밖에 없습니다.

저는 이들이 상담 스트레스를 조금이나마 덜 받고 알찬 서비스를 하기 위해 무엇이 필요한지 나름의 생각을 알려주고 싶었습니다. 그것이 바로 오늘 강연의 주제였습니다.

서울 시민의 행복 지수를 높이기 위해서라면

저는 콜센터 직원으로서 자부심을 갖고 자신의 일에 몰입해보라고 조언했습니다. 짜증나는 전화를 받았을 때 그 순간을 벗어날 생각부터 하면 해결책이 없습니다. 그 대신 전화를 건 민원인의 불쾌감과 짜증을 해소해주는 데 보람을 느끼는 걸 업무의 목표로 삼기를 바란다고 했습니다. 자신이 시민들의 행복 디자이너라는 자부심을 갖게 되면 자연스레 몰입하는 일이 가능해지지 않겠습니까? 그것은 칙센트미하이의 말대로 우선 상담원 스스로의 인생을 행복하게 만들어줄 것입니다. 뿐만 아니라 서울시민 전체의 행복

원래 서울시 민원 안내전화는 기계음과 함께 ARS로 넘어갔다. 민원인 입장에서는 짜증
이 날 수밖에 없다. 이런 불편함을 해소하기 위해 2007년 1월 120 다산 콜센터가 만들
어졌다. 서울시의 각종 민원전화의 기관별 ARS 번호를 구분 없이 '120번'으로 통합하
고 전문 상담원이 시민의 질문에 응답하는 시스템이다.

지수가 높아질 것입니다.

　그런데 이를 실천하는 건 생각보다 쉽지 않습니다. 그래서 저는 그들에게 큰
절을 했습니다. 이런 말을 덧붙이면서요.

　"앞으로 힘들고 짜증이 날 때마다 서울시민을 위해 애써주시는 여러분께 큰
절을 올리며 감사의 마음을 전하는 저를 먼저 떠올려 주세요."

제 진심이 전해졌던 것 같습니다. 다들 긴 박수로 화답을 해주었습니다.

이런 말이 있습니다.

"위대함의 적은 좋음이다The Enemy of Great is Good."

최악의 상태에서는 누구나 현재 상태를 극복하기 위해 최선을 다합니다. 그런데 '좋음' 상태에서는 더 나아가고자 하는 의지가 적기 때문에 오히려 위기를 맞을 수 있다는 뜻입니다.

120 다산 콜센터는 지금 시민 고객들로부터 '좋음' 평가를 받고 있습니다. 2006년 41퍼센트였던 전화 민원 만족도가 2009년 7월 기준으로 95.3퍼센트까지 껑충 뛰어오른 것이 그 평가의 근거입니다.

어제 직원들을 향해 넙죽 큰절을 올린 건 '좋음' 상태에 만족하지 말고 최고를 향해 한 발 더 나아가자는 다짐이기도 했습니다.

우리 120 다산 콜센터 직원들이 그런 제 마음을 오래도록 기억해준다면 좋겠습니다.

2009년 8월 11일

집을 짓고
미소를 짓다

아침마다 신문을 펼치면 마음이 편치 않습니다. 연일 쏟아져 나오는 경제 위기 기사들 때문입니다. 또 빠지지 않는 것이 바로 부동산 관련 기사입니다. 집을 사지 못해 한숨짓는 사람보다 집을 샀기 때문에 한숨짓는 사람이 늘고 있습니다. 특히 집을 사느라 대출한 이들에게는 치솟는 주택담보대출 금리에 집이 애물단지로 느껴질 상황입니다.

이럴 때 가장 마음 편한 사람은 돈 대신 집을 빌려 쓰고 있는 사람일 테죠. 그중에서도 싼 값에 오랫동안 빌려 쓰는 사람들은 더할 겁니다.

집에 대한 생각을 '시프트'하라

그런 생각을 하니 그나마 위안이 됩니다. 서울시는 이미 '싸고 오랫동안 빌려 쓸 수 있는 집'을 마련했기 때문입니다. 집값이 치솟을 때도 집값이 곤두박질칠 때도 마음 편한 내 집. 언론은 언제부턴가 그것을 '오세훈 아파트'라 부릅니다.

제 입장에서는 황송합니다만 그 집의 본명은 따로 있습니다. 바로 '장기 전세 주택 시프트Shift'입니다. 시프트는 서울시 산하 SH 공사가 짓는 아파트로 주변 전세 시세의 50~80퍼센트 가격에 들어가 최장 20년간 살 수 있습니다. 일종의 신개념 전세 주택이죠.

기존의 임대 아파트와는 확연히 다릅니다. 저소득층 대상의 초소형 월세 주택도 아닙니다. 서울 시민의 절반이 전셋집에 살고 있는 현실을 감안해 10평대부터 40평대까지 다양한 평형의 전셋집을 역세권 중심으로 공급하는 것입니다. 내 집 마련이 최대 고민인 대다수 시민이 그 대상입니다.

시프트가 첫선을 보인 작년 이후 저는 어디를 가든 시프트를 홍보했습니다.

"신혼에 시프트에 들어가 살기 시작하면 아이들을 대학 보낼 때까지 걱정 없이 살 수 있습니다. 노년에 시프트에 들어가면 자신이 가진 집을 팔아서 노후 자금으로 쓸 수 있습니다."

그러면 많은 분들이 어떻게 해서 그런 생각을 하게 됐는지 묻습니다. 대답하자면 참 긴 시간이 필요합니다.

주인 눈치 안 보는 집 한 칸이 간절했던 그 시절

지금은 아파트촌으로 바뀌었지만 30, 40년 전 달동네였던 삼양동 판자촌이 저희 집이었습니다. 처음부터 달동네에 살지는 않았습니다. 열 살쯤에는 동대문구 답십리의 단칸방이지만 그래도 어엿한 집에서 세를 들고 살았습니다. 어느 날 잠결에 부모님의 시름 잠긴 목소리를 들었습니다. 주인이 방값을 올려달라고 하니 다시 짐을 싸야 한다는 걱정이었습니다.

며칠 후 저는 초등학교를 옮겨야 했습니다. 무허가 판자촌이 즐비한 달동네인 삼양동 산 중턱에 온 식구가 옮겨갔던 것입니다. 해마다 오르는 전셋값에 찌들어 변두리를 맴돌던 부모님의 마지막 선택이었습니다. 저는 그렇게 초등학교만 4번 옮겼습니다.

아버지는 솜씨 좋게 판잣집을 만들었습니다. 학교 다녀오면 집에 방이 하나씩 생기곤 했습니다. 사나흘이면 방을 새로 만들던 그 동네를 사람들은 달동네라 불렀습니다.

해가 지면 호롱불 밑에서 기름내를 맡으며 책을 보아야 했으니 웬만하면 낮에 숙제를 해야 했습니다. 수돗물 역시 산 중턱 무허가 건물에 들어올 리 없으니 동네 공동 우물물을 먹어야 했습니다. 그때 이미 지하 천연 생수를 마신 셈입니다. 그 무렵 제가 키우던 토끼에게 아카시아 나뭇잎을 주려고 산속을 뛰어다니던 추억이 지금도 생생합니다.

몇 달씩 월급이 밀리는 회사에 다녔던 아버지는 술을 못하는 체질이었습니다. 그래서 퇴근하면 늘 저희 남매를 앉혀놓고 천자문이며 알파벳을 가르쳤습니다. 저는 공부 하나는 참 열심히 했던 것 같습니다. 또 경제적으로는 어려웠지만 집안 분위기가 항상 밝았기 때문에 주눅 들고 살지는 않았습니다. 중학교 때는 수예점 바느질로 살림을 꾸리시던 어머니를 돕겠다며 십자매와 잉꼬를 키워 팔던 기억도 생생합니다만 이제는 웃으며 기억하는 추억이 됐습니다.

그 시절 저는 간절한 소망이 하나 있었습니다. '전셋집이라도 주인 눈치 안 보고 쭉 살아도 되는 집 하나만 있었으면.' 하는 것이었죠. 그리고 그런 기억은 나중에 시장이 돼 주택 정책을 추진할 때 알게 모르게 영향을 주었습니다.

사는 것과 사는 곳의 차이

제가 서울시장에 취임한 2006년 무렵 전국적으로 부동산 광풍이 불어닥쳤습니다. 그해 정치인과 중앙 정부는 연일 치솟는 부동산 문제에 대한 해법을 내놓느라 여념이 없었죠.

서울시 담당 부서에서도 부동산 대책을 마련하고 있었습니다. 당시 저는 한 가지 기준을 제시했습니다. 집은 '사는 곳'이지 '사는 것'이 아니라는 점이었습니다. 진정한 서민은 재테크를 고민하는 사람이 아니라 한곳에서 집값 걱정 없이 오래 살기를 바라는 분들이니 그들을 위한 대책을 강구해보자는 것이었죠.

이때 한 간부가 말했습니다.

"전세를 사는 분들은 2년 정도 살다가 집 주인이 나가라면 나가야 됩니다. 이런 사람들을 위해 아이들을 키울 수 있을 때까지 한 20년 장기로 마음 놓고 살 수 있는 주택을 공급하면 좋을 것 같습니다. 임대 주택의 경우에는 월세가 부담되기 때문에 전세로 준다면 훨씬 현실에 맞을 것 같습니다."

그러자 갑론을박이 시작됐습니다. 임대 주택에 대한 부정적 인식, 임대 주택과 분양 주택 단지 사이의 갈등 등을 예로 들며 회의적인 시각을 표하는 간부도 적지 않았습니다. 반면 중대형 평형을 함께 공급해 임대 주택에 대한 인식을 전환시키면 새로운 공공 임대 주택의 모델이 될 수 있다는 주장도 이어졌습니다. 또한 이러한 전세 주택이 전체 주택 수의 일정 부분을 차지할 경우 집값을 안정시킬 수 있다고도 했습니다.

저는 이미 속으로 결정을 내렸습니다. 전세 주택을 공급해 집값 걱정 없이 아이들을 키울 수 있도록 해주자는 것이었습니다. 이름 그대로 주택정책의 패러다임을 전환하는 새로운 정책 시프트Shift의 탄생은 그렇게 시작됐습니다.

첫 청약 접수는 그야말로 대박이었습니다. 장기 전세 주택 입주자 모집 공고가 나가자 SH 공사의 홈페이지 서버가 다운될 정도로 많은 시민이 접속했습니

나는 어린 시절 무허가 판자촌이 즐비한 달동네 삼양동에서 살
았다. 아버지가 직업 판잣집을 만들었다. 학교에 다녀오면 집에
방이 하나씩 생기곤 했다. 나는 그곳에서 해가 지면 호롱불 밑
에서 기름내를 맡으며 책을 읽었다.

다. 청약 하루 만에 사실상 마감되는 등 높은 호응에 직원들은 고무됐습니다.
시민들도 주택에 대한 개념이 전환되기를 고대하고 있었다는 신호였습니다.

　　시프트에 대한 지원자들의 뜨거운 반응을 확인하면서 서울시의 시프트가
서울에만 머물러서는 안 된다는 생각을 자주 합니다. 시프트가 전국으로 확산
돼 전 국민이 수혜자가 되면 얼마나 좋을까요?

뜻이 있는 데 길이 열리게 마련입니다. 서울시가 끈질기게 설득한 결과, 2008년 5월 국토해양부가 서울시의 장기 전세 주택 개념을 도입하기로 전격 결정하고 관련법의 개정을 추진하게 됐습니다. '오세훈 아파트 전국 확산'이라는 기사가 연일 지면을 장식한 게 바로 그 무렵입니다.

전에 없던 새로운 정책을 성공적으로 안착시키기에는 턱없이 부족한 시간이었습니다. 그런데도 1년 만에 큰 성과를 낼 수 있었던 것은 시프트를 도입한 후 지금까지 직원들이 밤낮 없이 뛰어준 덕분입니다. 시프트의 성공을 위해 노력한 직원들에게 정말 고맙게 생각합니다. 올겨울 시프트가 시민들 마음속의 따뜻한 아랫목이 됐으면 하는 바람입니다.

2008년 11월 7일

용산 참사가
남긴 것

:: ::

오늘 한 기자가 물었습니다. 취임 이후 가장 마음고생 했던 일이 무엇인지 묻는 질문이었습니다. 저는 용산 참사라고 답했습니다. 일을 하다 보면 마음 고생 할 일이 한두 가지가 아니지만 용산 참사는 1년 가까이 끌었던 특별한 경우라 그렇게 답한 것이죠.

그동안 서울시는 많은 비판을 받았습니다. 손 놓고 있다, 무관심하다, 냉정하다는 비판이 주된 비판이었습니다. 물론 서울시는 계속 협상 중이었습니다. 다만 민간이 주도한 재개발 사업이었기 때문에 제도적으로 서울시가 협상의 주체가 될 수는 없었습니다. 대신 사업 시행자 쪽에서 용산 유가족에게 충분히 보상금이 지급될 수 있도록 서울시가 중재하는 형식이 될 수밖에 없었죠.

물론 쉽게 돈으로 협상할 수도 있었지만 서울의 재개발 현장이 수백 군데가 넘는 상황에서 어느 한 곳만 그렇게 보상해주는 건 불가능했습니다. 모두 시민의 세금이 들어가는 만큼 그런 선례가 가져오는 파장은 일파만파입니다. 그것이 행정입니다.

결국 중재를 얼마나 잘하느냐에 달린 문제였습니다. 그리고 진행 과정에서 비밀을 철저히 준수하지 않으면 협상이 중간에 깨질 확률도 높았습니다. 서울 시는 중재를 하고 있다는 사실 자체를 철저히 비밀로 할 수밖에 없었습니다. 협상이 실패하면 다시 소강상태로 들어갔다가 또 접촉하다가 소강상태로 들어가기를 반복하는 시간이 이어지고 있었습니다. 그런 상황에서 계속 손을 놓고 있다는 비난을 포화처럼 맞고 있으려니 직원들이 많이 힘들어 했습니다.

제가 여기까지 얘기하자 기자가 되묻더군요.

"용산 참사 때문에 시장과 서울시에 대한 안티가 많이 생겼는데 억울하지 않습니까?"

저는 그렇게 생각하지 않습니다. 저나 서울시의 이미지에는 타격이 됐을지 몰라도 그 사건이 결과적으로는 서울의 시정 발전을 촉진하는 계기가 됐으니까요.

서울의 재개발 시스템은 용산 참사 이전과 이후가 천지 차이로 변했습니다. 그동안 재개발 시스템은 지나치게 민간 주도 형식이었습니다. 공공은 적당히 눈감고 귀찮은 것은 민간에 미뤄둔 상황이었죠. 그 과정에서 민간 회사는 철거하는 과정에 폭력을 동원하고 땅과 집주인들은 재개발 조합원으로 들어가 재산을 증식했습니다. 정글 자본주의의 논리가 지배하는 영역이었다고나 할까요? 그렇게 40년 넘게 야만적이고 가진 자만 편드는 시스템이 유지돼왔던 것입니다.

이것을 손대고 싶었는데 사실 막막했습니다. 하지만 용산 참사라는 계기가 생기면서 서울시가 정신을 차렸습니다. 저는 서울시 주택 정책을 총괄하는 부서에 정말 간절한 지시를 내렸습니다. 크게 세 가지였습니다.

뼈를 깎는 자기반성을 하겠습니다

우선 뼈를 깎는 자기반성을 하자는 것이었습니다. 일단 자기반성이 있어야 변화가 가능합니다. 지난 40년간 공무원들이 지나치게 게을렀던 것 아니냐는 말까지 했습니다. 사실 재개발 재건축 뉴타운 사업은 이해관계가 너무나 복잡하게 얽혀 있습니다. 그런 만큼 공공이 개입해도 공평하고 투명하게 진행될까 말까 한 과정입니다.

그동안 공공은 현실을 사실상 방치했습니다. 그러다 보니 조합, 정비업체, 설계업체, 건설 회사, 거기에 철거 용역업체까지 끼어들면서 엄청난 먹이 사슬과 수익 창출 구조가 만들어진 겁니다. 이를 알면서도 방치한 책임이 분명 우리에게 있습니다. 그러니 반성부터 해야 했습니다. 반성을 해야 변화에 대한 명분과 근거가 생기기 때문입니다.

공공의 책무를 다하겠습니다

둘째는 공공이 어디까지 어떤 형태로 개입할 것인지 정확한 대안을 만들라는 것이었습니다.

예를 들자면 정비예정 구역으로 확정되고 시공사가 선정되고 조합이 만들어지는 등 사업이 진행되는 절차가 있는데, 그 단계마다 모두 개입하는 공공 기구를 만들자는 것이었습니다. 그 기구와 구청장이 주체가 돼 조합을 지도하고 관리하는 시스템이 되면 민간의 먹이 사슬이 끼어들 여지가 없어지기 때문입니다. 이렇게 되면 원가가 엄청나게 절감될 것입니다. 수익이 창출되던 중간 단계가 없어지니 전체 사업비의 거품도 확 빠지게 될 것입니다.

결국 그 수혜자는 원주민과 세입자들입니다. 특히 절감되는 원가 비용은 세입자 대책에 더 쓸 수 있을 것입니다. 시장 원리에 의해 세입자가 보호되는 결과를 도출할 수 있다는 것이죠.

재개발 거품을 빼겠습니다

셋째는 시간이 꽤 걸리고 상당한 저항이 있을 것이니 우선 과도기 기간 내에 비용의 거품을 뺄 방안을 마련하라는 지시도 내렸습니다.

사실 제가 생각하는 변화를 위해서는 법 개정이 필요합니다. 단지 서울시만의 문제가 아니라 국가적인 틀에서 모두 바꾸는 것이기 때문입니다. 따라서 시간이 꽤 걸릴 것입니다. 이 과정에서 엄청난 저항이 있을 것입니다. 이익 집단의 광범위한 로비도 예상 가능합니다. 그동안 이익을 취해온 회사들이 사활을 걸고 막을 것이기 때문입니다. 이 점을 각오하고 대비해야 했습니다. 이제부터는 전쟁을 치른다는 심정으로 일을 추진하라는 말을 덧붙였습니다.

그 방안으로 모든 과정을 공개하는 시스템을 제시했습니다. 현재 재개발 사업 과정은 완전히 베일에 가려져 있습니다. 바로 거기서 비리와 부작용이 생겨난다고 보았습니다. 따라서 앞으로는 조합 운영을 온라인 시스템을 통해 모두 공개하는 방안을 마련하자는 것이었습니다. 그렇게 되면 일단 거품이 드러나게 됩니다. 그 과정에서 해소되는 거품도 있을 것이고, 조합과 업자들 내에서도 폭리를 취하기가 어려워지니 차라리 공공 주도형으로 가자는 여론이 나올 수 있을 것입니다.

이렇게 여기저기서 거품을 빼면 희망 섞인 기대로는 30평형 아파트의 경우 한 채당 1억 원의 원가를 절감할 수 있습니다. 만약에 그렇게 되면 지금까지 벌어졌던 부작용과 역기능은 최소화하면서 완전히 패러다임이 바뀐 새로운 차원의 재개발 시스템이 마련될 수 있으리라 봅니다.

다행히 이러한 제 주문은 '공공 관리 제도'로 정리가 돼 이미 18곳의 재개발 현장에 적용 중입니다. 또 올해 초에는 '클린업 시스템'을 통해 투명한 관리가 가능해졌습니다. 이러한 변화들은 용산 참사 이전에는 엄두가 안 나서 못하고 있던 일들입니다. 하지만 지금은 과감하게 달려들어 하고 있습니다.

그런 의미에서 용산 참사는 서울시.재개발 정책이 바람직한 방향으로 발전하는 데 커다란 계기가 됐다고 정리하고 싶습니다. 그것이 기자의 질문에 대한 제 답변이었습니다.

제가 생각하는 바람직한 주택 정책의 방향은 한 가지입니다. 내 집 마련의 꿈을 이루기 위해 다른 모든 꿈을 접어야 하는 서울 시민들의 고충을 최소화하자는 것입니다.

서울시가 추진하는 공공 관리 제도가 중요한 역할을 할 수 있으리라 생각합니다. 다만 목표 지점까지 순항하기 위해서는 아직도 넘어야 할 난관이 많습니다. 그런 만큼 보다 많은 분들의 응원이 필요합니다.

2010년 2월 10일

여성이 행복하면
모두가 행복합니다

::

오늘 집무실에서 UN 사무 부총장 아샤-로스 미기로를 만났습니다. 그녀는 탄자니아 외무장관 출신으로 UN 사무국에서 반기문 사무총장 다음으로 서열이 높습니다. 개발도상국 출신에다 여성인 그녀가 사무국 2인자로 임명되자 전 세계가 주목한 바 있습니다.

아샤-로스 미기로가 서울을 찾은 이유가 있습니다. 전 세계 105개 회원 도시가 가입한 국제기구인 '메트로폴리스'가 주최하는 메트로폴리스 여성 네트워크 포럼에 참석하기 위해서입니다. 대규모 포럼이 서울에서 열리게 된 건 서울시의 '여행 프로젝트' 덕분입니다. 여행 프로젝트는 '여성이 행복한 도시 프로젝트'의 줄임말입니다. 서울시의 모든 정책을 여성의 시각으로 계획하고 집행하자는 의미입니다.

그동안 여성 정책은 대개 여성 관련 부서에서 추진하고 집행해왔습니다. 이는 우리나라뿐 아니라 전 세계 어느 국가 어느 도시를 가도 마찬가지입니다. 하지만 시장이 된 후 서울시의 여성 정책은 중앙 정부의 정책과는 달라야 하지 않을까 생각했습니다.

서울에서 여성으로 살아간다는 것

계기가 있었습니다. 취임 직후 가진 서울시 여직원들과의 간담회에서 "하이힐이 끼는 보도블록을 바꿔 달라."는 요청을 들은 것이었죠. 당시 저는 신선한 충격을 받았습니다. 여성이 아니면 헤아리기 어려운 불편이었기 때문입니다.

도시는 대부분 남자들이 설계하고 남자들이 짓습니다. 그런데 남자들은 보도블록을 깔 때 하이힐이 낄 거라고는 생각지 못합니다. 도시 생활 전반에서 여성들이 불편을 느낀다면 아마 이런 이유 때문일 겁니다. 명쾌한 해결 방법이 뭘까 생각하니 의외로 간단하더군요. 남성이 아닌 여성의 시각으로 서울을 바라보면 되지 않을까 싶었습니다.

당시 저는 간부 회의를 소집했습니다. 그리고 거의 선언에 가까운 지시를 내렸습니다.

"앞으로 서울시의 여성 정책은 여성정책관실에서만 하지 않겠습니다. 모든 실국본부에서 함께 아이디어를 내세요. 주택국에서는 어떻게 하면 여성에게 편한 주택을 지을지 고민하고 도시철도공사에서는 어떻게 하면 여성에게 편리한 지하철을 만들지를 고민하세요. 도시교통본부는 여성이 안심하고 택시를 탈 수 있는 방법을 모색하고 세종문화회관에서도 어떻게 하면 여성이 편리하게 화장실을 이용할 수 있을지 고민해보세요."

그리고 한 달이 지났습니다. 과연 어떤 아이디어가 나올지 내심 설레며 기다렸는데 결과는 실망스러웠습니다. 여러 날을 고민하고 회의한 결과라며 각 실국본부에서 가져온 계획이 처음에 제가 예로 들었던 불편 사항에 대한 개선안뿐이었습니다. 다들 열심히 노력하는데 왜 좋은 아이디어가 나오지 않을까? 고민이 되더군요. 그때 뇌리를 스치는 생각이 있었습니다.

'보고를 하는 간부들이 모두 남자다!'

여성들이 느끼는 불쾌함과 불편함을 남성들은 제대로 알 수 없습니다. 그런데

전세계 여성 전문가들의 호감 어린 시선을 한 몸에 받은 메트로 폴리스 여성 네트워크 포럼. 한편 UN 산하기관인 유엔해비타트UN Habitat는 2010년 3월 브라질 리우데자네이루에서 열린 제5차 세계 도시 포럼에서 서울시와 양해각서를 체결했다. 서울시의 여행 프로젝트가 여성 친화 도시의 선도 모델이라며 이를 세계 도시에 확산시키자는 취지다. 정책 시행 3년도 안 돼 이룬 자랑스러운 성과다.

도 남성들이 모여 이를 개선하겠다고 했으니 당연히 한계에 부딪힐 수밖에요.

결국 생각을 거듭한 끝에 남성 직원들에게 여성 자문단을 붙여주는 아이디어를 냈습니다. 즉 '여행 동반자'입니다. 자문단은 각 실국에서 다루는 정책들을 여성의 시각에서 평가하고 조언하는 200여 명의 여성 전문가로 구성됐습니다. 각 실국에서는 이들과 수시로 회의를 해서 아이디어를 내고 개선점을 찾았습니다. 그러자 정책 추진 내용이 갈수록 충실해지더군요. 내용과 결과를 소개하면 다음과 같습니다.

새로 설치되는 보도블록은 하이힐이 빠지지 않도록 했고 지하철 역사 내 따로 수유실을 마련했습니다. 버스에는 임산부 전용석을 설치했습니다. 또 서울형 어린이집과 여성 일자리 창출 같은 눈에 띄는 변화는 물론이고 공공시설의 여성 화장실 변기 수를 늘리는 등 작지만 꼭 필요한 변화도 도모했습니다.

이러한 여행 프로젝트에 대해 전 세계 여성 전문가들은 호감을 표시했습니다. 이번 포럼에 참가한 여성들의 눈빛도 마찬가지였습니다. 덕분에 저도 포럼 행사장에서 여성들의 호감 가득한 시선을 받았죠. 국제회의를 진행하면서 참석자로부터 그렇게 많은 사진 촬영 요청을 받은 것은 이때가 처음 아니었나 싶습니다.

세계가 먼저 인정한 여행 프로젝트

개막식과 환영 만찬 그리고 오늘 오전 아샤-로스 미기로 UN 사무 부총장과의 대담을 차례로 거치면서 제가 가장 많이 들었던 말이 있습니다.

"전 세계에서 도시 행정 전반에 여성의 시각을 반영해야 한다고 언급한 도시는 서울이 처음이다. 또 그런 반영이 가능하도록 시스템을 구축한 것도 서울이 처음이다."

저와 서울시에 과분한 칭찬이죠. 아샤-로스 미기로 UN 사무 부총장은 각국의 여성 전문가들 앞에서 서울의 여행 프로젝트가 전 세계 도시로 확산돼야 한다는 점을 강조하기까지 했습니다.

사실 우리 서울의 여성들 중에는 여행 프로젝트의 성과를 아직 체감하지 못한 분들이 많을 겁니다. 단기간에 성과를 내는 정책이 아니기 때문이죠. 하지만 세계에서 내로라하는 여성 리더들과 전문가들 사이에 서울은 이미 화제의 도시입니다. 여성 친화 도시의 선두 주자라고들 합니다. 이번 포럼에서 그런 평가를 재확인하며 저와 직원들 모두 사기가 고무됐습니다.

제가 자주 언급합니다만 21세기가 요구하는 미래 인재상에는 여성의 강점이 많이 포함됩니다. 즉 소프트 파워로 분류되는 감성, 공감, 배려, 감동, 설득, 제너럴리스트로서의 자질 등이겠죠. 여성은 아무래도 이런 부분에서 남성보다 뛰어나므로 앞으로 사회의 발전 단계가 높아질수록 여성 능력이 더욱 중요해질 것입니다. 우리가 선진국으로 도약하려면 이런 자질을 갖춘 여성들이 쉽게 사회의 주류로 편입될 수 있도록 시스템을 만들어야 합니다.

여성이 자신의 능력을 마음껏 발휘하기 위해서는 우선 일상생활이 안전하고 쾌적하고 행복해야 하지 않을까요? 서울시의 여행 프로젝트는 바로 그런 인프라를 만들어나가는 과정입니다. 또 여성이 행복해지고 남성이 행복해지고 우리 아이들이 행복해지는 지름길을 만들어나가는 과정이기도 합니다.

2009년 10월 23일

밥상 챙기는
서울시

● ●
● ●

아침에 청사에 도착하니 책상 위에 초콜릿이 놓여 있습니다. 그러고 보니 내일이 화이트데이입니다. 밸런타인데이나 화이트데이가 되면 이렇듯 사무실에 초콜릿이나 사탕이 풍성해지곤 합니다. 여러분들은 그런 선물을 받으면 활짝 웃고 즐겁게 드시겠죠?

그런데 저는 책상 위의 초콜릿을 보면서 딴 생각부터 합니다.

'이게 제대로 된 유통 경로를 거쳐 온 건가?'

한때는 꽤나 로맨틱한 인물로 통했는데 어쩌다 이렇게 돼버렸는지 모르겠습니다. 일종의 직업병인가 봅니다. '안심하고 드세요 프로젝트'의 일환으로 서울시 직원들이 작년부터 밸런타인데이에 맞춰 불량 초콜릿 단속을 하기 때문입니다.

올해 화이트데이 때는 식품의약품안전청이 사탕을 검사한다는군요. 서울시 정책을 따라하는 것 같아 슬며시 웃음이 났습니다. 서울시의 '안심하고 드세요 프로젝트'가 제대로 발동이 걸리나 봅니다. 예전 같으면 시도되지 않았을 일들이 하나 둘 실행에 옮겨지고 있으니 말입니다.

상한 밥상의 추억

저는 유난히 음식에 까다로운 편입니다. 맛이 있나 없나를 따진다는 얘기가 아닙니다. 먹어도 괜찮은가 아닌가를 따진다는 뜻입니다. 음식을 잘못 먹고 혼난 기억이 있기 때문이죠. 변호사 시절 출간한 에세이집에서도 밝혔습니다만 그 일은 사법 연수원에 들어간 첫해에 벌어졌습니다.

당시 저는 신혼이었는데 또래에 비해 조금 이른 편이었습니다. 연수원에 들어가 열심히 공부하려면 잡념이 없어야 하고 그러려면 아예 결혼을 하는 게 낫다는 것이 제 나름의 평계였습니다. 불과 스물넷에 말입니다. 당시 신혼 재미에 푹 빠져 있던 아내는 저를 위해 요리하는 것이 최고의 낙이라 할 정도로 매일 새로운 요리를 해주었습니다. 그런데 문제는 바로 그 요리였습니다.

전반기 교육을 마무리하는 시험을 치르기 전날이었습니다. 시험공부에 지친 제가 불쌍해 보였는지 아내는 평소에 갈고닦은 실력을 발휘해 아침은 라조기, 점심은 칼국수, 저녁은 콩비지 찌개를 차리더군요.

시험 기간인데도 식욕은 왜 그리 좋던지 아내가 주는 대로 모두 먹어치우고 잠이 들었죠. 그런데 이게 웬일입니까? 새벽 2시부터 화장실행이 시작된 겁니다. 아마도 저녁에 먹었던 콩비지가 상했던 모양이더군요. 밤새 설사와 구토에 시달리다가 병원에 실려 갔고 결국 시험을 치르지 못했습니다.

병명은 식중독. 어쨌거나 그날 치르지 못한 시험 때문에 저는 연수원을 1년 더 다녀야 했습니다. 그 1년이 참 고통스러운 기간이더군요.

그 뒤로 콩비지는 물론 콩밥조차 쳐다보지 않았고 음식을 볼 때마다 '맛있겠다'는 생각보다 '신선한가? 안전한가?'라는 생각부터 습관적으로 합니다.

서울에서는 안심하고 드세요

시장에 취임한 후 저는 제 밥상의 안전을 챙기던 버릇을 정책에도 적용해 버렸습니다. 서울에서만큼은 불량 식품이 발을 못 붙이도록 수단과 방법을 가리지 않겠다고 결심한 것이죠. 먼저 전담 부서부터 만들어

'식품안전과'라고 이름을 붙였습니다.

그때까지 중앙 정부는 물론이고 전국 어느 자치 단체에도 식품 안전을 주된 목표로 하는 조직은 없었습니다. 물론 위생과, 농수산유통과, 소비자보호과, 보건환경연구원 등 식품 안전과 관련된 업무를 맡는 곳은 있습니다. 그런데 그곳에서 하는 일은 주로 종업원의 위생 관리나 음식점의 청결도를 검사하는 정도입니다. 음식의 안전을 직접 검사하지는 않죠. 정작 그 음식재료들이 어디에서 왔고, 어떻게 조리되는지, 유통 기한이 얼마나 남았는지 등은 조사 대상이 아니었던 거죠. 상한 음식을 먹고 고생한 경험이 있는 저로서는 그냥 넘길 수 없는 현실이었습니다.

서울시는 2007년 가을 전국 최초로 식품안전과를 신설해서 '안심하고 드세요 프로젝트'를 의욕적으로 추진하고 있습니다. 이 사업의 목표는 시민들의 밥상을 서울시가 직접 챙기겠다는 것입니다.

일단 담당 부서를 만들어놓기는 했지만 이후는 난관의 연속이었습니다. 최초로 만든 부서인지라 도대체 무엇부터 해야 할지 막막했습니다. 무조건 현장을 발로 뛰어다니라고 지시했습니다. 사무실도 시청 별관 옥탑방에 따로 배정했습니다. 사무실에 앉아 있지 말라는 의미였죠. 저는 정기적으로 진행 상황을 점검하며 직접 업무를 챙겼습니다.

업무를 효과적으로 추진하려면 먼저 전략부터 잘 짜야 했습니다. 단속과 감독 대상에 비해 서울시 인력이 턱없이 부족하기 때문입니다. 소수 정예로 승리하려면 어떻게 해야 할까? 결론은 '허를 찌르자!'였습니다. 이제까지 한 번도 단속 대상이 아니었던 곳부터 공략해서 불량 식품은 반드시 단속된다는 경각심을 불러일으키자는 전략이었죠.

　작전은 성공이었습니다. 서울시 식품안전과가 단속을 벌이는 족족 언론에 보도되고 입소문이 나기 시작했습니다. 지난해 학교 앞 문구점 불량 사탕 파동이 대표적인 사례입니다. 학교 앞에서 파는 사탕 대부분이 중국산이며 성분 중에 발암 논란 물질이 섞여 있다는 보도로 학부모에게 충격을 주었던 그 사건. 바로 서울시 식품안전과의 작품입니다.

　이밖에도 밸런타인데이에 맞춰 했던 초콜릿 검사. 당시 상당수 초콜릿에서 문제점을 발견했습니다. 정월 대보름에 했던 견과류 검사, 설 명절 택배 음식 위생 점검 등 이제까지 한 번도 단속 대상이 되지 않았던 음식들을 집중 점검했습니다. 그러자 장안에서는 서울시가 언제 어디서 무엇을 검사할지 모르니 조심하라는 말이 떠돌았다고 합니다. 일단 우리의 1차 목적은 달성된 셈입니다. 일이 아무리 힘들어도 시민들이 우리의 진심을 알아주면 보람을 느낍니다. 그런 점에서 '안심하고 드세요 프로젝트'는 크게 눈에 띄지는 않지만 애정이 많이 가는 사업입니다.

　특히 지난해에는 광우병 파동과 멜라민 사태 등으로 식품 안전에 대한 시민들의 공포가 더욱 심했습니다. 그때 '안심하고 드세요 프로젝트'가 그나마 믿음을 준다는 얘기를 자주 들었습니다. 20년 전 인생의 쓴맛을 제대로 느끼게 해준 상한 콩비지찌개에 고맙다고 해야 할까요?

2009년 3월 13일

강남과 강북,
다 같이 행복해지기

1월 초 신년 인사차 광진구청에 들렀을 때의 일입니다. 인사말을 끝내고 신년 인사회에 참석했던 주민들과 눈인사와 악수를 나누며 걸어가던 중이었습니다. 한 중년 여성이 앞으로 다가와 부끄러운 듯 무언가를 내밀었습니다.

"시장님, 정말 감사해요."

자그마한 선물. 그것은 네잎 클로버였습니다. 오랫동안 소중하게 간직했던 듯 코팅이 된 채 빛이 바랜 네잎 클로버. 순간 우리 세대에게 네잎 클로버를 건넨다는 것이 어떤 의미인지 떠올라 절로 미소가 번졌습니다. 우리는 정말 고마울 때, 감동했을 때, 진심으로 좋아하는 상대를 만났을 때 네잎 클로버를 주곤 했습니다.

그분이 제게 네잎 클로버를 건넨 이유를 떠올려 봤습니다. 아무래도 유난히 큰 박수를 받았던 우리 시의 정책 때문이 아니었을까? 짐작만 할 뿐입니다. 그 정책은 바로 재산세 공동 과세제도입니다.

강남북 균형 발전이 가능할까

시민들의 일상생활에 엄청난 변화를 가지고 온 정책임에도 처음 들은 분들이 많을지도 모르겠습니다. 재산세 공동 과세와 저의 인연은 취임 당시로 거슬러 올라갑니다.

당시 가장 시급하게 해결해야 할 문제 중 하나가 강남과 강북 지역의 불균형이었습니다. 부자 구로 불리는 강남 지역과 그 외 지역 간의 주거와 교육 및 상권 격차는 지역 간 주민들의 삶의 질마저 지배하며 차이를 만들고 있었습니다. 민선 4기의 핵심 공약인 '강남북 균형 발전 프로젝트'는 그러한 문제의식에서 탄생한 정책이었습니다.

하지만 강남북 균형 발전이 비단 저만의 염원이었겠습니까? 아마 역대 모든 시장들의 염원이었을 겁니다. 하지만 누구도 해결책을 찾지 못했습니다. 이유는 자치구 간의 재산세 차이 때문이었습니다. 예를 들면 다들 고개가 끄덕여질 것입니다.

재산세는 2007년 기준으로 강남구에서 2,566억 원이 걷혔습니다. 이때 강북구에서 걷힌 재산세는 겨우 175억 원. 차이가 무려 15배에 달했습니다. 말하자면 월 2,500원을 버는 집과 월 175만 원을 버는 집의 생활수준 차이라고나 할까요?

수입이 다르니 사는 집도 다르고 아이들 교육 수준도 확연히 차이가 나게 마련입니다. 강남과 강북의 불균형은 바로 그러한 재산세 차이에서 기인한 바가 가장 컸습니다. 한 번 벌어지기 시작한 격차는 좁혀지기 어려운 법입니다. 1995년 민선 자치가 다시 시작될 때만 해도 9.5배이던 강남과 강북의 재산세 격차는 (제가 시장으로 취임할 무렵 예측으로) 2008년이 되면 17배까지 벌어질 것이라고들 했습니다. 10년 후엔 부자 구와 그렇지 못한 구의 세수 차이가 무려 30 대 1까지 벌어질 거라는 평가도 나오고 있었습니다. 그대로 두면 격차가 더 벌어지는 건 불 보듯 뻔한 일이었습니다.

해답은 하나였습니다.

'강남북의 재산세 격차를 줄여보자!'

어떻게?

'각 자치구에서 거둬들이는 재산세의 절반을 서울시가 걷어서 각 구에 다시 균등하게 나눠주면 전체 재산세의 격차가 줄어들지 않을까?'

이것이 바로 '재산세 공동 과세 제도'입니다.

설득하고 설득하고 또 설득하라

그런데 취임 후부터 본격적으로 일을 해보려는데 주변에서는 고개부터 절레절레 흔들기 시작했습니다. 10년도 넘은 서울시의 묵은 과제였지만 모두가 두 손을 들고 만 문제라는 거였습니다. 자신들의 재산세를 떼어 다른 지역을 위해 쓴다고 하면 소위 말해 강남 지역 주민들의 표를 잃을 거라고도 했습니다. 다들 이 문제를 건드렸다가는 본전도 뽑지 못할 것이라고 걱정했습니다.

하지만 재산세 공동 과세가 시행된다면 17배까지 벌어질 것으로 예상되던 재산세 차이가 당장 6배로 좁혀지고 2010년에는 다시 5배로 좁히는 것이 가능하다는 계산이 나왔습니다. 강남북 균형 발전을 위해서는 이만한 해법이 없었던 거죠. 물론 저 역시 민선 시장이다 보니 자치구와의 대립, 지역 구민들과의 대립, 지역구 의원들과의 대립이 눈에 보였습니다. 하지만 강남북 균형 발전은 더 이상 미룰 수 없는 서울의 시급한 문제였습니다.

이 문제에 행정적인 판단보다 정치적인 판단이 앞설 수는 없었습니다. 그 길이 옳다면 가야 합니다. 할 수 있기에 가는 것이 아니라 해야 하기에 가는 것입니다.

마음을 굳힌 후 행동 지침을 내렸습니다.

"시와 자치구의 협력 관계를 해치면 안 됩니다. 시끄럽지 않게 설득하고 다시 설득하고 끝까지 설득하세요!"

서울시가 재산세 공동 과세를 추진한다는 이야기가 나오자마자 강남 지역 민심이 부글부글 끓고 있다는 전언들이 이어졌습니다. 강남구에서 당선돼 국회의원을 지낸 오 시장이 배신했다는 원성에 참 난감하기 짝이 없었습니다. 하지만 이해는 갔습니다. 국회의원에 이어 서울시장으로 뽑아주셨던 지역 주민들 입장에서는 강남 이외의 지역을 위해 뛰어다니는 모습에 배신감을 느낄 수도 있겠다 싶었습니다. 언젠가는 이해해주리라는 믿음이 있었지만 당장은 넘어야 할 산이기도 했습니다.

그렇게 이리저리 추진 방안에 골몰하고 있는데 참모 한 명이 의견을 건넸습니다.

"시장님, 우리가 뭘 하는지 시민들에게 적극적으로 알려야 합니다. 그러기 위해서는 네거티브도 하나의 전략입니다."

어차피 10년 넘게 일부 자치구 의원들의 반대로 발목이 잡혀 있던 정책인 만큼 차라리 떠들썩하게 이슈화해 밀고 나가는 것이 어떻겠냐는 제안이었습니다. 여론의 힘을 빌리자는 얘기였는데 고민이 컸던 마음만큼은 고맙게 받았습니다. 하지만 동의를 해줄 수는 없었습니다. 그렇게 하면 저나 서울시가 주목이야 받겠지만 우리 정책이 시끄러워지면 시민들 마음도 시끄러워질 것이 뻔했습니다. 그것은 제가 바라는 바가 아니었습니다. 대신 끝까지 설득하자고 주문했습니다.

강남북 재정 격차 확 줄이다

　　　　　　일단 시동을 걸었으니 무조건 뛰어야 했습니다. 반대 의사를 표명한 자치구에는 재산세 공동 과세가 왜 필요한지를 설득했습니다. 찬성 의사를 보인 곳에는 그동안의 추진 경과를 설명하고 적극적인 협조를 당부했습니다. 그 결과 2006년 9월 서울시 구청장협의회에서 재산세 공동 과세를 지지하는 성명서가 채택됐습니다. 이제 초석은 마련된 셈이었습니다.

　중요한 관문은 국회였습니다. 지방세법 개정안을 통과시키기 위해서는 국회의원들의 지지가 필요했습니다. 국회의원 설득은 우리 직원들에게도 결코 쉽지 않은 난관이었습니다. 그래서 제가 직접 결정권이 있는 여야 의원들을 만나기 시작했습니다. 재산세 공동 과세의 필요성, 당위성, 도입 효과를 설명하고 설득했습니다.

　제가 일단 길을 닦으면 실무 직원들이 또 다시 의원과 의원 보좌관을 찾아가 설득하는 일을 반복했습니다. 국회에서 진짜 지겹다는 얘기가 나올 정도였다고 하니 얼마나 찾아다녔는지 알 만하지 않습니까?

　2007년 7월 3일 마침내 1년 가까이 공을 들인 재산세 공동 과세법이 국회를 통과했습니다. 강력한 반대의 벽을 허물던 그 순간 얼마나 가슴이 뛰던지. 서울시로서는 10년 넘게 풀리지 않던 숙제가 해결된 순간이니 저뿐 아니라 직원들도 진심으로 벅찬 감회에 젖었습니다.

　마침내 2008년 1월 1일부터 각 자치구의 재산세 중 절반을 서울시가 일괄적으로 거둬 모든 자치구에 균등하게 나눠주는 재산세 공동 과세 제도가 시행됐습니다. 그것은 서울의 강남북 균형 발전이 본격적으로 가능해진 역사적인 터 닝 포인트라고 믿습니다.

　서울시는 작년에 각 자치구의 부족한 재원을 보전하기 위해 지원하는 조정 교부금의 선정 기준을 13년 만에 개정했습니다. 가난한 구에 교부금이 더 지원 될 수 있도록 기준을 바꾼 것입니다. 이렇게 재산세 공동 과세를 도입하고 조 정 교부금 제도를 바꾸고 나니 강남 이외 지역의 가용 예산이 올해 들어 크게 늘었습니다. 중랑구 349억 원, 강북구 335억 원, 은평구 345억 원, 금천구 333 억 원, 도봉구 318억 원, 광진구 203억 원 등에 이릅니다. 15배를 넘던 강남북 사이의 격차가 5배가량으로 줄었습니다.

　예를 들어 중랑구 지역 주민들 입장에서는 예년에 비해 350억 원 가까운 예 산을 더 쓸 수 있게 됐으니 해마다 지역의 변화를 확인할 수 있을 것입니다. 앞 서 제게 네잎 클로버를 건넸던 분은 바로 이러한 서울시의 노력을 알아주신 참으로 고마운 시민 중 한 분이 아니었을까요?

　물론 지금도 반대의 목소리가 완전히 사라진 건 아닙니다. 사유 재산권 침해 라며 헌법소원도 제기된 상태입니다. 강남권의 지역 주민들이 모인 자리에서 는 이 제도를 없애고 원래대로 해달라는 말이 공공연하게 나오곤 합니다.

　그럴 때마다 저는 이렇게 설명해 드립니다.

　"강남구, 서초구, 송파구에 사시는 분들이 평생 그 지역에만 사실까요? 그 지 역에 사시면서 북한산도 가고 도봉산도 가고 혹은 도심에도 나오고 그러지 않으시나요? 강남과 강북이 하나의 생활권인데 자신의 집이 위치한 지역의 이해관계에서만 문제를 바라보는 것이 과연 합리적일까요?"

이른바 부자 구에 사는 분들도 가까운 가족 중에 기타 지역에 사는 분들도 많을 것입니다. 재산세 공동 과세 제도는 내가 사는 지역만이 아니라 나의 어머니, 나의 장모님, 나의 형제자매들이 사는 지역도 함께 잘 살 수 있도록 발전시켜 나가자는 취지의 제도입니다.

그러니 더 많은 분들이 서울 전체가 하나의 운명 공동체라는 생각을 해주신다면 어떨까요? '우리가 남이가?' 뭐 이런 말도 있지 않습니까. 그러면 서울시가 더 힘을 내서 강남북 균형 발전을 위해 뛰어다닐 수 있지 않을까요?

2009년 1월 21일

주말마다 시장이 아닌 시민이 돼보다

오늘 점심상을 물리고 아내와 두 딸을 꾀기 시작했습니다. 나가서 차 한 잔 하자고 말입니다. 늘 그렇듯 아내는 선뜻 따라나서는데 딸들은 엉덩이가 무겁습니다. 모처럼 주말에 같이 놀자는 부모가 귀찮을 만큼 자랐기 때문입니다.

그래도 오랜만의 가족 나들이라 즐겁게 채비하고 목적지로 향했습니다. 목적지는 지난달 개장한 '북서울 꿈의 숲'입니다.

실은 가족들도 생각하고 있었을 겁니다. 바쁜 아빠가 그냥 커피 한 잔 마시기 위해 집에서 꽤 먼 그곳까지 갈 리 없다고 말입니다. 저는 서울시가 공을 들여 준비한 공원이 개장하면 주말을 이용해 혼자서 둘러보곤 했는데 오늘도 그런 경우였습니다.

어느 기자는 불시 방문으로 직원들의 근무 태도를 감시한다는 의미에서 '암행 감찰'이라는 제목의 기사까지 작성했습니다. 하지만 암행 감찰이라기보다는 정말로 시민 입장에서 불편함이 없는지 궁금해서 가보는 겁니다. 공식적으로 준공식에 참석하고 완공 상황을 살펴보기는 하지만 시민 입장에서 이용객이 돼보는 것은 완전히 다른 문제이기 때문입니다.

오늘도 시민 입장에서 가족과 함께 북서울 꿈의 숲을 이용하기로 했습니다. 공원에 들어서니 많은 분들이 가족들과 친구들과 숲 속을 거닐고 계십니다. 다들 편안한 얼굴입니다. 이런 모습을 볼 때 가장 행복합니다. 저도 잠시 관광 가이드가 돼 가족들을 공원의 이곳저곳으로 데리고 다니며 자랑을 좀 했습니다. 그리고 커피 한 잔을 하기 위해 공원 안에 위치한 레스토랑을 찾았습니다. 당시 저는 모자를 쓰고 선글라스를 낀 상태였죠.

저희 가족이 들어서자 점원은 식사를 할 것인지 먼저 묻더군요. 커피 한 잔을 하고 싶다고 했습니다. 그랬더니 점원이 자리 안내할 생각은 않고 식사를 하지 않을 거라면 공원 내 있는 다른 레스토랑으로 가라고 했습니다. 애써 찾아왔는데 마음이 안 좋았습니다.

옆에 있던 아내가 그냥 간단한 거라도 시켜서 요기하자더군요. 그래서 앉았습니다. 그리고는 모자와 선글라스를 벗었습니다. 그제야 직원들이 저를 알아보았습니다. 놀랐을 겁니다. 그 다음은 설명 안 드려도 상상이 되실 겁니다. 다들 죄송하다며 인사하는데 다행히 음식이 맛있어서 크게 뭐라 하지는 않았습니다.

　물론 공원을 나와서는 담당 간부에게 전했습니다. 공원 내 레스토랑은 이윤 창출보다 공원을 찾은 시민들에 대한 서비스가 우선이니만큼 커피 손님이라고 내쫓는 일은 없도록 하라고 말입니다. 물론 오늘 이후로 북서울 꿈의 숲에서는 어느 레스토랑에서나 간단한 커피부터 식사까지 원하는 대로 즐길 수 있을 겁니다.

꿈이 모여 숲이 된 공원, 북서울 꿈의 숲

　　　　　　　북서울 꿈의 숲은 과거 폐허가 되다시피 했던 드림랜드 자리에 들어선 초대형 숲입니다. 강북 지역에는 다른 지역에 비해 생활권 녹지가 부족합니다. 그런데 이제 월드컵 공원, 올림픽 공원, 서울 숲에 이어 서울에서 4번째로 큰 공원이 들어섬으로써 그런 불균형을 해소할 수 있게 됐습니다. 강북구, 성북구, 노원구, 중랑구, 동대문구 등 인근 265만 명의 주민들이 가까이에 그림 같은 숲을 갖게 된 것입니다.

　이렇게 되기까지는 참 파란만장한 과정을 거쳐야 했습니다. 강북에는 큰 공원을 조성할 만한 땅이 마땅치 않았기 때문입니다. 그래서 고민을 거듭하던 중에 드림랜드 터를 선택했습니다.

　그곳은 과거에는 강북의 대표적인 놀이 공원으로 인기를 끌었지만 다른 대형 놀이 공원에 밀려 흉물로 전락해버린 곳입니다. 그래서 끊임없이 개발 건의가 들어오고 있는 곳이기도 했습니다. 문제는 땅값이었습니다. 토지 가격은 대개 감정가를 기준으로 결정되는데 당시 드림랜드 부지의 감정가는 수천억 원에 달했습니다. 서울시 예산으로는 감당할 수 없는 금액이었습니다.

게다가 당시 땅 주인은 개인이 아니라 모 성씨의 종중이었기 때문에 협상이 순조롭지 않겠다는 걱정이 앞섰습니다. 설상가상으로 예전부터 조직폭력배가 운영에 개입하고 있다는 소문마저 들리더군요. 생각만 해도 머리가 아픈 일이었습니다.

하지만 장애물은 넘으라고 있는 겁니다. 며칠을 고민하다가 조용히 담당 간부를 불렀습니다.

"드림랜드에 강북 주민들이 편히 쉴 수 있는 대형 공원을 만들고 싶은데 땅값이 좀 비쌉니다. 가능하면 예산을 절약할 수 있는 방법을 찾아보세요."

그때가 2007년 1월 취임한 지 6개월 되던 시기였습니다.

그런데 폐허 같은 드림랜드 부지를 북서울 꿈의 숲으로 변신시키는 계획은 서울시 직원들조차 모르게 극비리에 추진돼야 했습니다. 조금이라도 소문이 나는 날에는 드림랜드 부지는 물론이고 주변 부동산 값이 춤을 출 게 뻔했기 때문입니다.

그래서 숲을 조성하겠다는 의지를 전달하고 지시를 하면서도 다른 사업들처럼 담당 부서를 따로 만들 수도 없었습니다. 사업 협상단이라는 애매한 이름으로 국장과 과장 그리고 담당 직원 세 명만을 배치했을 뿐입니다. 그 인력으로 비밀리에 감정가보다 훨씬 낮은 가격에 드림랜드 부지 매입을 성사시킨다는 것은 불가능한 일처럼 보였습니다.

하지만 지시를 내린 지 6개월 후인 2007년 7월 담당 간부가 들뜬 목소리로 달려왔습니다.

"됐습니다. 감정가의 절반 가까운 가격으로 드림랜드 부지 매입이 가능할 것 같습니다."

그 보고를 하기까지 직원들이 얼마나 고생했을지 안 봐도 훤했습니다.

일단 드림랜드 부지가 종중의 땅인 탓에 소유 관계가 명확치 않았습니다. 그래서 소유자 대표를 찾는 데만 한 달 이상 걸렸습니다. 게다가 부르는 땅값은 감정가 이상의 높은 액수였습니다. 비공식적으로 추진하던 일이기 때문에 최대한 조용히 협상해야 했으니 방법이라고는 끈질기게 찾아가 부탁하고, 설득하고, 매달리는 것이 전부였죠. 직원들이 40번 넘게 찾아갔다고 합니다.

사실 공무원은 흥정과는 거리가 먼 사람들입니다. 원칙대로 보상하고 집행하는 것이 하는 일이기 때문입니다. 그런데 보통의 개인보다 깐깐하게 마련인 종중을 상대로 땅값을 흥정해 감정가보다 훨씬 낮은 가격에 성사시키려고 했으니 마음고생이 어땠을지는 보지 않아도 알 수 있었습니다.

문제가 하나 더 있었습니다.

부지와 별도로 드림랜드 자체에 대한 보상 문제였습니다. 영업을 중지한 상태였지만 운영권을 가지고 있던 측에서 수백억 원이 넘는 보상비를 요구했던 것입니다. 종중 대표 역시 땅은 감정가보다 더 낮은 가격에 팔 테니 운영권 보상 문제는 서울시가 알아서 하라고 하더군요. 하지만 땅값도 절반 가깝게 깎은 마당에 서울시가 그렇게 터무니없는 보상비를 줄 수는 없는 일이었습니다.

북서울 꿈의 숲은 과거 폐허가 되다시피 했던 드림랜드 자리에 들어선 초대형 숲이다. 월드컵 공원, 올림픽 공원, 서울 숲에 이어 4번째로 큰 공원이다.

치

모두 시민의 세금이니 말입니다.

두 달 정도 시간이 더 걸렸습니다. 종중 대표를 찾아가 땅값을 흥정할 때보다 더 끈질기게 설득했나 봅니다. 그리고 마침내 종중 쪽에서 보상 문제까지 깔끔하게 마무리하는 조건으로 협상을 매듭지을 수 있었습니다. 아마 종중 사람들은 서울시 공무원이라면 지긋지긋하다는 생각부터 할지 모르겠습니다.

다행히 토지 소유주가 여러 명이 아니었기 때문에 가능한 일이기는 했지만 토지 소유주와의 협의를 통해 매입 가격을 절반 가까이 낮춰 세금을 절약했다는 건 획기적인 성과였습니다. 그만큼 직원들이 자기의 땅을 사는 심정으로 협상에 매달렸기에 가능한 일이었습니다.

그동안 보상 때문에 누구도 손을 대지 못한 채 방치되던 그곳이 열 달 동안의 비밀 협상을 통해 드디어 새로운 전기를 마련하게 됐습니다.

남다른 애착이 있었던 만큼 좋은 이름을 정해주고 싶어 시민들께도 여쭤보고 직원들에게도 공모했습니다. 그러고 나서 지은 이름이 바로 '북서울 꿈의 숲'입니다. 지역 주민들의 과거 추억이 서려 있는 드림랜드의 명칭에서 따온 꿈의 숲과 강북 주민들의 휴식처임을 알리는 북서울을 합쳐서 지은 것이죠.

이미 말씀드렸듯이 강남북 생활환경의 차이를 줄여나가는 일은 저의 가장 큰 고민 중 하나였습니다. 그래서 강남북 균형 발전 프로젝트라는 이름으로 강남과 강북 사이의 주거·교육·재정·상권의 격차를 해소하는 것을 목표로 삼고 다양한 계획을 세웠습니다. 그중 북서울 꿈의 숲 사업은 주거 환경의 격차를 해소하는 방안 중의 하나입니다.

집 주변에 녹지 공간이 얼마나 많은가에 따라 주거 환경의 수준은 확연하게 차이가 납니다. 강북 지역은 북한산이나 도봉산 같은 국립공원은 있습니다만 휴일이나 저녁 식사 후 가볍게 다녀올 공원은 강남 지역에 비해 턱없이 부족했습니다. 강북 지역 주민들이 자랑스럽게 여길 수 있는 대표 공원을 조성해야겠다는 결심은 그래서 시작됐습니다. 그 결과가 바로 북서울 꿈의 숲입니다. 늦게나마 이런 공간을 만들어드린 만큼 만족감이 더 컸으면 합니다.

꿈이란 혼자 꾸면 꿈이지만 여럿이 함께 꾸면 현실이 됩니다. 북서울 꿈의 숲은 그렇게 모두의 꿈이 모여 숲이 된 공원입니다. 집에서 운동복 차림으로 편하게 갈 수 있는 공원. 저는 그것을 행복이라고 부르고 싶습니다.

2009년 11월 22일

서울 시민의
마지막 가는 길까지

••

지금 서울에 턱없이 부족한 것이 있습니다. 화장시설입니다. 그러다 보니 아침에 발인을 해도 저녁까지 대기를 해야 하는 경우도 허다합니다. 약 20퍼센트는 3일장을 치르지 못하고 4일장 혹은 5일장을 치르고 있는 실정이죠. 서울 시민의 마지막 가는 길이 점점 고생길이 돼가고 있다고 할까요. 아마 장례를 치러 본 가족이라면 이 문제의 심각성에 대해 공감하실 것입니다.

방법은 하나입니다. 서울에 화장장을 추가로 건립하는 것이죠.

하지만 화장장이나 쓰레기 소각장은 이른바 혐오시설로 분류됩니다. 이런 시설을 새로 만든다는 것은 서울시가 하는 일 중 가장 어려운 일에 속합니다. 오죽하면 제가 취임하던 때 서울시가 10년 넘게 추진해왔지만 해결하지 못한 최대 숙원사업으로 화장시설 건립 문제를 보고받았을까요.

그런데 어제 그 숙원사업을 시원하게 해결했습니다. 원지동 추모공원착공식을 가진 것입니다. 서울시가 화장시설 건립 계획을 수립한 것이 1998년이었으니 첫 삽을 뜨기까지 무려 12년이나 걸렸습니다. 다들 해묵은 숙제를 해결한 것을 축하해주었습니다. 어떻게 여기까지 왔느냐며 비결을 궁금해했습니다. 생각해보면 정말로 우여곡절이 많았습니다.

원지동 추모공원

서울시가 화장시설 부지를 확보한 것은 2001년입니다. 하지만 제가 취임하던 2006년까지도 화장장 건립 문제는 답보 상태였습니다. 주민들의 강렬한 반대가 이어지자 서울시 역시 적극적인 의지를 보이지 않았던 것이죠. 특히 2005년에 일부 주민들이 제기한 추모공원 반대 소송 탓에 일은 더욱 지지부진했습니다. 사실상 원지동 추모공원 계획은 표류했고 거의 무산된 상태로 보일 정도였습니다.

답답하더군요. 당장 제 임기 중에야 큰 일이 없겠지만, 앞으로는 서울 시민의 마지막 가는 길이 고난의 길이 될 것이 뻔했습니다.

결국 취임 초, 제 임기 안에 반드시 해결한다는 목표를 세웠습니다. 그리고 일주일에 평균 두 번씩 어렵게 시간을 내서 담당 부서의 실무자들과 머리를 맞댔습니다. 우리 직원들은 끊임없이 주민들을 만나러 다니기 시작했죠. 하지만 서울시의 모든 제안에 귀를 막은 주민들의 반대는 때때로 폭력 사태로 치달을 만큼 거셌습니다.

그러던 중 다행스런 소식이 들리더군요. 주민들이 낸 소송에 대해 법원이 서울시의 손을 들어준 것입니다. 저는 당장 담당 간부를 불렀습니다. 그리고 말했습니다.

"이제 장애물 하나가 걷혔습니다. 제대로 한번 추진해 봅시다!"

순간 당혹스러워하던 담당 간부의 표정을 잊을 수가 없습니다. 소송까지 졌으니 주민들은 더 화가 나 있을 것이고 반발은 더욱 거세질 텐데 당장 협상에 속도를 내라니 난감했을 겁니다. 현장에서 고생하는 직원들의 고충을 모르나 싶어 제가 야속했을지도 모르겠습니다.

그 마음 백 번 이해가 갔습니다. 서울시가 넘어야 할 산은 주민들뿐 아니었기 때문입니다. 해당 구청, 해당 지역구 국회의원, 중앙부처까지 각자의 이해관계가 너무나 달랐습니다.

저는 세 가지를 요구했습니다. 첫째 지역 주민의 의견을 충분히 듣는 것부터 시작한다. 둘째 합리적이고 원칙적으로 대화를 유도한다. 셋째 가장 중요한 것은 모든 대화에 정직한 자세로 임한다는 것이었죠.

그리고 원칙을 제시했습니다. 모든 대화에서 최우선은 원지동 주민이라는 것이었습니다. 정도의 차이는 있지만 국내나 외국이나 화장장과 같은 시설을 꺼리는 정서는 비슷합니다. 혐오시설 건립 반대를 지역 이기주의로 몰아가는 단순 접근법으로는 복잡하게 얽힌 매듭을 풀기 힘든 시대입니다. 따라서 대화와 설득밖에는 답이 없다고 본 것이죠. 주민 모두가 수긍할 만한 조건으로 세계 최고의 화장시설을 만들어보자고 직원들을 다독였습니다.

소리없이 행동하는 용각산 리더십

저는 진심으로 '조용한 행정'이 최선이라고 봅니다. 시끄럽고 갈등이 요란하게 드러나는 정책과 정치는 시민과 국민의 마음을 심란하게 합니다. 그래서는 성숙한 시민 사회로 성장하는 데 분명 한계가 있습니다.

불치이치不治而治 무위지치無爲之治. 즉 다스리지 않는 것처럼 다스리고 하지 않는 것처럼 다스린다. 바로 저의 신조입니다. 그래야 궁극적으로 시민들의 마음이 편안하기 때문입니다.

이런 생각으로 시정을 추진하다 보니 가끔은 "오 시장이 뭘 하는지 모르겠다."는 얘기도 많이 듣습니다. 이래서 저를 거론하며 어느 기사에서 '용각산 리더십'이라는 이름을 붙여주었는지 모르겠습니다. 이 소리도 저 소리도 아무 소리도 나지 않는데 효과는 강력하다나요?

이야기가 잠시 딴 데로 샜는데 어쨌거나 반대가 거센 이 사업을 추진하기 위해서는 용각산 리더십을 다시 한 번 발휘해야 했습니다. 이번에도 직원들에게 "설득하고 설득하고 끝까지 설득하라."고 주문한 것도 그 때문이었습니다.

우선 주민들의 의견을 적극 수렴했습니다. 화장시설을 지하화하기로 한 것이죠. 다행히 일본에 화장시설을 지하에 설치한 사례가 있어서 이를 설계에 반영했습니다. 그리고 한 걸음 더 나아가서 지상에는 공원을 조성해서 추모공원 전체를 친환경시설로 만드는 구상까지 덧붙였습니다.

이렇게 한 발 한 발 다가서자 주민들이 변하기 시작했습니다. 소통이 가능해진 것입니다. 그 결과 멋진 추모공원 조감도가 완성되었는데 그 어디에도 혐오시설로 인식되는 화장장의 이미지는 없습니다.

특히 주민들이 원하는 조건 중에는 이 지역의 열악한 의료 환경 개선을 위해 국립의료원을 유치해달라는 것이 있었습니다. 이는 정말 쉽지 않았습니다. 취임 초, 저는 야당 소속 시장이었는데 이 계획에 대해 건교부가 반대를 했습니다. 그린벨트 지역이었던 추모공원 부지를 해지한 것은 화장시설을 짓기 때문이라는 것이 이유였습니다. 병원을 짓는 데는 동의할 수 없다는 입장이었습니다.

당시 국무총리까지 만나봤지만 녹록지 않았죠. 다행히 정권이 바뀌고 여당 시장 입장이 되면서 틈나는 대로 국토해양부 장관과 보건복지부 장관을 괴롭

혀드렸습니다. 그리고 마침내 이곳 추모공원 안에 종합의료시설인 국립의료원을 건립하게 됐습니다.

오늘 착공식 현장에서는 원지동 추모공원의 건립 후 모습이 공개됐는데 무연, 무취, 무해의 최첨단 공법이 활용될 것입니다. 아마도 완공이 되고 나면 지역주민 모두가 추모공원 만들길 잘했다는 평가를 하지 않을까 기대가 될 정도입니다.

서울시 최대 숙원 사업을 해결한 비결

제가 유난히 원지동 추모공원 착공에 대해 뜻 깊게 생각하는 것은 취임하면서 떠 안았던 숙제를 이번 기회에 모두 다 해냈다는 뿌듯함 때문입니다. 역대 서울 시장이 모두 그랬듯이 저 역시 취임하면서 몇 가지 숙제를 안고 취임을 했습니다. 서울 시민들을 위해 꼭 해결해야 하는데 다양한 변수들로 인해 해결하지 못한 난제들입니다.

당시 제가 보고 받은 것은 세 가지였습니다. 모두 10년 넘은 서울시의 숙원 사업이었습니다. 하나는 자원회수시설이라고 불리는 쓰레기 소각장 공동 이용에 관한 것이었고 또 하나는 강남과 비강남 지역의 재산세 격차를 줄여줄 재산세 공동과세 제도를 도입하는 문제였습니다. 마지막이 추모공원 건립이었습니다. 이 세 가지 모두 각 지역 주민들의 이해관계가 첨예하게 부딪히는 어려운 문제였죠. 다행히 앞의 두 문제는 많은 노력 끝에 임기 초반에 해결할 수 있습니다. 하지만 끝까지 남아 있던 문제가 바로 추모공원 조성 사업이었

원지동 추모공원 조감도

는데 이번에 해결을 해낸 것입니다.

이로써 서울시의 10년 묵은 난제들을 임기 내 모두 해결해냈다는 뿌듯함에 오랜만에 어깨가 가벼워집니다. 무엇보다도 서울 시민들의 마지막 가는길을 편안하게 만들어드렸다는 생각에 제 마음도 한결 편안합니다.

얼마 전 흐뭇한 소식을 들었습니다. 현재 주민들과 함께 마무리 협상을 진행 중인데 주민들이 직접 담근 차를 정성스럽게 보온병에 담아 온다는 겁니다. 우리 직원들을 위해서 말이죠. 음식도 나눠먹으며 화기애애한 분위기 속에 협상이 진행되고 있습니다. 시민의 입장에서 끝까지 대화의 끈을 놓지 않은 지난 3년이 헛된 시간이 아니었다는 생각을 새삼 해봅니다. 필요하면 천 번이라도 설득해야 합니다. 설득하고 또 설득하다 보면 언젠가 통하는 날이 오더군요. 이것이 서울시 최대 숙원사업을 해결한 비결이라면 비결입니다.

04

서울의
따뜻함에
미치다

인문학에서
복지를 발견하다

●●
●●

장문의 편지 한 통을 받았습니다. 저와 비슷한 연배의 남성이 보내준 글입니다. 그는 무려 10년 동안 노숙자 생활을 했노라고 자신을 소개했습니다.

우선 눈길을 끈 건 그의 특별한 이력이었습니다. 그는 대학에서 원예학을 전공했고 대학 시절 만난 첫사랑과 결혼해 자녀를 둔 평범한 가장이었습니다. 하지만 어느 순간부터 일이 꼬이기 시작했습니다. 그의 인생은 이혼, 자살 시도, 정신분열증 발병, 도박 중독 등이 이어지면서 나락으로 떨어졌습니다. 그러자 그가 갈 곳은 결국 거리밖에 없었습니다.

그런데 그는 자신의 인생에 일대 전환점을 맞게 됐다고 편지에 썼습니다. 바로 올해 초 서울시가 진행한 '희망의 인문학 프로그램'을 통해서라고 했습니다. 그는 인문학을 접하고 자신의 삶을 성찰해볼 수 있었고 지금은 노숙인의 삶을 정리하고 다시 사회로 돌아올 준비를 하고 있다고 적었습니다.

단 한 사람의 인생이라도 바꾸어놓을 수 있다면

희망의 인문학 프로그램은 제가 직접 만들라고 지시한 것이어서 더 각별합니다. 단지 몇 푼의 돈은 당장의 배고픔은 해결해주지만 노숙자를 삶의 현장으로 이끌 수는 없습니다. 그래서 이 프로그램은 가난 때문에 교육다운 교육을 받지 못한 사람들에게 대학 교육 수준의 문화·예술·역사·철학 같은 인문학을 가르칩니다. 이 과정에서 그분들은 '사고하는 법'을 배우게 되죠. 깊게 통찰하고 현명하게 판단하는 법을 익히게 됩니다. 그러면서 자연스럽게 자존감을 키워갑니다. 인생의 의미를 찾아갑니다. 그것이 희망의 인문학 프로그램의 목표입니다. 편지를 보낸 남성이 바로 그 희망의 인문학을 통해 새로운 삶을 맞게 됐다고 하니 저도 무척 기뻤습니다. 덧붙여 그는 또 다른 소식도 전하더군요. 희망의 인문학 과정을 졸업하면서 자신의 이야기를 담은 수기집을 출간했다는 겁니다. 『거리의 남자, 인문학을 만나다』라는 책입니다.

저는 기억을 하나하나 되살렸습니다. 성공회대학교에서 있었던 희망의 인문학 졸업식 때 졸업생 대표로 나온 분의 얼굴이 뇌리를 스쳤습니다. 그때도 굉장히 적극적이고 희망찬 표정이었는데 역시나 싶었습니다.

그동안 노숙자와 저소득 시민을 대상으로 하는 희망의 인문학 과정을 운영하면서 가슴 벅찬 순간들을 많이 맞았습니다. 처음 시작할 때의 마음은 '단 한 사람의 인생이라도 바꾸어놓을 수만 있다면'이었습니다. 그런데 6개월이 지나 졸업장을 받은 사람이 자그마치 209명. 절반만 돼도 다행이다 싶었는데 67퍼센트나 끝까지 해낸 것입니다.

그때 수강생들을 대상으로 설문 조사를 했습니다. 그들 중 82퍼센트가 강좌에 대해 만족한다고 했고 95퍼센트는 강좌를 듣고 자신에게 변화가 있었다고 답했습니다. 그런데 이제는 책까지 낸 수강자가 있으니 제가 얼마나 뿌듯하겠습니까? 무엇보다 자신의 부끄러운 과거를 공개하고 더 많은 사람들과 희망을 나누고 싶어하는 저자의 용기에 박수를 보냅니다.

지난 세월 그가 겪었을 절망과 인문학을 통해 다시 얻은 희망이 편지 속에 고스란히 담겼습니다.

희망의 인문학 과정 입학식에서 인사말을 하고 있다. 내가 어려운 가정 형편을 딛고 여기까지 올 수 있었던 것은 끼니를 걱정해야 하는 상황에서도 늘 책을 손에 들려주고 호롱불 밑에서 한자를 가르쳐주던 부모님이 물려주신 인문학적 자산 때문이었다.

거리의 남자에게서 온 편지

여러분도 함께 읽어보시라고 여기 소개합니다.

존경하는 오세훈 시장님께!

시장님 안녕하세요? 저는 1999년부터 지금까지 10여 년 동안 혐오와 기피의 대상이며 많은 사람들이 손가락질하는 노숙인으로 살아왔습니다. 경제적으로 파탄 나고 가족들에게 버림을 받고 전철역 대합실에서 때로는 길바닥에서 생활하는 내 신세가 너무 처량해 한때 자살도 시도했던 사람입니다. 막상 깨어나서 재생의 삶을 살게 됐지만 이미 소망을 잃어버린 저는 될 대로 되라는 식으로 지금까지 마지못해 살아왔습니다.

솔직히 말씀 드려서 저와 같은 처지에 있는 노숙인들은 세상과 거리를 두고, 마음에 빗장을 채우고, 무조건 사회에 대한 반감을 가지고, 가진 자들에게 맹목적으로 적개심을 품고 살아가는 경우가 많습니다. 저 또한 그렇게 세상을 살아왔습니다.

그러던 제가 변화하기 시작한 것은 서울시 위탁 노숙인 쉼터인 이곳 비전 트레이닝 센터에 오면서부터입니다.

저는 이곳에서 우리를 위해 온 정성을 바쳐 봉사하는 분들이 계시다는 것을 알고 감동을 받았습니다. 그래서 저는 자활 의지를 가지고 프로그램에 하나하나 적극적으로 참석하게 됐습니다.

그러나 10년 가까이 나쁜 생각과 습관에 찌들어 있던 제가 하루아침에 바뀔 수는 없었습니다. 마치 바닷가 모래성이 거센 파도에 휩쓸리듯 잘돼 가는가 싶다가도 마음에 안 좋은 일이 생기면 또 다시 포기하고 원점으로 되돌아가기 일쑤였습니다.

예컨대 센터 직원들과 마찰이 있다든지 신문과 방송에서 노숙인을 폄훼하는 발언을 듣는다든지 하면 자신도 모르게 자포자기하면서 사회를 향해 적개심을 품었습니다. 그러면 또 술을 먹게 되고 경마나 오락에 빠져 도로 원 상태가 되곤 했습니다.

(……)

그러던 중 만난 것이 서울시 희망의 인문학이었습니다. 저는 마음속으로 많은 변화를 겪었습니다. 그동안 짐승보다 못한 삶을 살면서도 부끄러운 줄 몰랐는데 그곳에서 저는 잃어버린 자아를 되찾았습니다. 어떻게 살아야 당당한 사회의 구성원으로 설 수 있을지 고민하는 방법을 배웠습니다. 자신감도 점점 되찾게 됐습니다.

어머니를 폭행할 만큼 반사회적 패륜아였던 제가 인문학 수업을 통해 과거를 크게 반성했습니다. 저는 어머니를 찾아가 눈물로 사죄를 드리고 용서를 빌었습니다. 지금은 물질로는 봉양하지 못하지만 아침저녁 전화로 문안 인사를 드리고 있습니다. 어머니는 '이제 나는 죽어도 여한이 없다.'고 하십니다. 아무리 생각해도 실로 꿈만 같습니다.

존경하는 시장님!

2007년도 비전 트레이닝 센터를 방문하셨을 때 제가 2층에서 '시장님! 존

경합니다.'라고 외쳤습니다. 그때 시장님은 임직원들과 같이 가시는 중이셨
는데도 제게 악수를 청하셨습니다. 저는 지금도 그 일이 잊히지 않습니다.
그동안 인문학 강의를 받을 수 있도록 배려해주시고 용기를 가지고 살아
갈 수 있도록 여러 가지를 베풀어주신 시장님께 다시 한 번 감사의 말씀을
드립니다.
시장님 이하 서울시 전 공무원들에게 행운과 발전이 있기를 빌고, 시장님
가정에도 행복이 깃들기를 빌겠습니다.
늘 건강하세요.
끝까지 제 편지를 읽어 주셔서 감사를 드립니다.

2009년 11월 27일

희망을 드리는
희망드림 프로젝트

주말 밤입니다. 글로벌 금융 위기로 인한 경기 한파의 실태를 한 텔레비전 프로그램이 극명하게 보여줍니다. 화면에는 식당 주인 내외가 앉아 있습니다. 조그만 식당은 한창 장사할 저녁 시간인데도 손님이 없습니다. 남편은 말없이 고개만 숙이고 있고 부인은 연신 티슈를 뽑아 눈가에 댑니다. 손님이 없으니 부부는 이제 저녁이 오는 것이 두렵다고 합니다. 때가 되면 어김없이 돌아올 월세 독촉에 아침이 밝아오는 것이 겁난다고 합니다.

그리고 이어지는 부인의 한탄이 가슴을 찌릅니다.

"우리처럼 없는 사람은 진짜 살지 말라는 곳인가 봐요, 여기가."

오늘까지는 어엿한 가게 주인이지만 이미 생존의 기로에 선 부부에게 내일은 어떻게 될지 아무도 장담할 수 없습니다.

저는 화면을 보고 있자니 가슴이 먹먹해졌습니다.

없, 는, 사, 람.

스스로를 그렇게 치부하는 그분들을 위해 서울시는 무엇을 해야 할까요? 저소득층이 더욱 나락으로 떨어지는 이 시기에 과연 서울시가 할 수 있는 일은 무엇일까요? 저는 잠을 이루지 못했습니다. 내일 출근하면 '희망드림 프로젝트'를 다시 한 번 챙겨야겠다고 마음먹은 밤이었습니다.

희망이 없다면 미래도 없다

제 어릴 적 판자촌 시절을 더듬어보면 참 다행스러웠던 점이 있습니다. 비록 힘들긴 했지만 주눅이 들거나 부모를 원망하며 삐뚤어진 시선으로 세상을 바라보거나 하지 않았다는 겁니다. 모두 부모님 덕분이었죠.

제 기억 속의 어머니는 늘 강인하고 당당했습니다. 아버지가 몇 달씩 월급을 못 받는 일이 반복되자 힘들게 수예품을 만들어 팔기 시작했습니다. 결국 남대문 시장에 수예점까지 냈습니다. 아버지는 돈을 벌지 못하는 가장이었지만 비관만 하지는 않았습니다. 저녁마다 호롱불 아래에서 저와 여동생에게 한글과 한자 그리고 영어 알파벳까지 가르쳐주셨습니다. 그러는 사이 삼시세끼 챙기기도 어렵던 집안 형편이 아주 조금씩 나아졌습니다. 나름 열심히 공부했던 저도 원하는 바를 하나하나 이루어갈 수 있었습니다. 그러면서 저는 노력하고 고생하는 만큼 생활이 나아진다는 평범한 진리를 배웠습니다.

저는 가끔 생각합니다. 당시 부모님은 지금의 제 나이보다 더 젊은 나이였습니다. 그때 그분들을 지탱하게 했던 힘은 무엇이었을까? 저는 '희망'이었다고 생각합니다. 열심히 살면 언젠가는 지금보다 나아질 수 있다는 희망 말입니다.

서울시의 희망드림 프로젝트는 저소득 빈곤층에게 바로 그런 '희망'을 만들어주는 것을 가장 중요한 목표로 삼는 정책입니다. 단지 금전적 시혜를 베푸는 것이 아니라 희망을 갖고 미래를 설계할 수 있도록 도와드리는 거죠.

그동안의 복지 정책은 기초생활 수급자에게 일정액의 현금을 지원하는 사업이었습니다. 예를 들면 이렇습니다.

올해 기초생활보장 수급자는 4인 가족 기준으로 수입이 약 126만 원 이하인 분들입니다. 그런데 이들에게 30, 40만 원을 더 벌 기회가 온다면 과연 그들은 그 기회를 잡을까요? 수입이 30, 40만 원 늘게 된다면 더없이 좋은 일이지만 대신 기초 생활보장 수급 대상에서는 제외됩니다. 그동안 일을 안 해도 받던 혜택을 받을 수 없게 되는 것이죠. 어떤 선택을 할까요? 당연히 망설이게 될 것입니다.

사정이 이러하니 빈곤을 벗어날 기회는 점점 멀어지고 빈곤이 대물림되기까지 합니다. 미래에 대한 희망은 꿈도 꿀 수 없습니다. 이 때문에 현재 세계 어느 나라나 현금 지급 중심의 복지 제도를 고민하고 있습니다.

저는 이 문제를 극복해 보고 싶었습니다. 복지 정책이 어려운 분들을 금전적으로 도와주는 데서 끝나는 것이 아니라 미래에 대한 희망도 주어야 한다는 것입니다. 그래서 '서울형 복지'라고 불리는 '희망드림Dream 프로젝트'가 탄생됐습니다. 그중 대표적인 사업은 '희망플러스 통장'입니다.

빈곤의 대물림을 끊어라

희망플러스 통장이란 자립 의지를 가진 저소득 가구가 매월 5만 원이든 10만 원이든 일정액을 적립하면 서울시와 민간 후원 기관이 협력해서 본인이 저축한 액수만큼 더 적립해주는 통장입니다. 목표를 세우고 노력하는 의지를 보여 주는 분들에게 수익률 100퍼센트를 보장하는 적금통장인 셈이죠. 목돈을 모아 포장마차라도 해야겠다는 의지와 희망을 주는 것이 주된 목표입니다.

반응이 아주 좋습니다. 보도가 나가자 통장 가입 대상자를 모집하기 전부터 담당 부서의 업무가 마비될 정도로 문의 전화가 많이 온다고 합니다. 그러한

세계 최초로 저소득층을 위한 자산형성 프로그램을 창시한 마이클 쉬라든 워싱턴 대학
교수. 국제학술 포럼에서 만난 그는 내게 '당신은 아무래도 복지에 미친 것 같다.'고 했
다. 복지 전문가인 아내와 함께 서울에 자주 와서 앞선 정책을 배워가자는 얘기를 했다
는 일화도 전해주었다. 세계적인 복지 전문가의 이례적인 칭찬에 어깨가 더욱 무겁다.

보고를 듣고 또 한 번 뿌듯해집니다. 비록 지금은 가난하지만 그 가난을 벗어
나겠다는 자활 의지를 가진 분들이 많아서입니다. 그분들의 희망은 곧 저의 희
망입니다.

　이외에도 좋은 복지 정책이 많습니다. 법적 요건을 충족하지 못해서 복지의
사각지대에 놓여 있던 가구들을 위한 'SOS 위기 가정 특별 지원', 대출이 어려
운 저소득 주민들에게 긴급 자금을 지원하는 '서울 희망드림 뱅크', 저소득 주

민들의 자존감 회복을 돕기 위한 '희망의 인문학 프로그램' 등 20여 개의 사업이 새롭게 추진되고 있습니다.

아이디어는 누구나 낼 수 있지만 실천은 누구나 할 수 있는 것이 아닙니다. 희망드림 프로젝트의 개별 사업에는 새로운 아이디어도 있고 이미 외국에서 검증된 아이디어도 있습니다. 하지만 기존의 공적 지원 시스템에 전면적인 수정을 가하고 복지 정책의 패러다임을 전환한 획기적인 정책임에는 틀림없습니다. 따라서 이를 성공적으로 안착시켜 저소득 빈곤층의 진정한 희망으로 자리 잡도록 하는 것이 남은 과제입니다.

모두가 어려운 시기입니다. 어렵고 힘든 사람들이 포기하지 않고 한 단계씩 나아간다면 그것은 곧 우리 모두가 한 단계씩 나아갈 수 있다는 가능성을 보여주는 셈입니다. 이보다 더 큰 희망이 있을까요?

희망드림 프로젝트는 일부 계층을 위한 정책이 아니라 우리 모두를 위한 정책입니다. 보다 많은 분들이 이 점을 꼭 기억해주셨으면 좋겠습니다.

2008년 11월 25일

희망을 더하고 절망을 나누는 통장

정성스레 우표를 붙여서 편지를 부쳐본 지 참 오래된 것 같습니다. 해마다 이맘때쯤이면 고마운 분들께 카드도 쓰고 편지도 쓰곤 했었는데 지금은 이메일이나 문자로 대신하는군요. 그래서일까요? 우체국 소인이 찍힌 편지를 받을 때면 더 반갑고 감사한 마음이 듭니다.

희망플러스 통장을 통해 희망을 얻는 분들이 보내온 글을 모아 액자로 만들었다.
희망플러스 통장은 자립 자활의 의지가 있는 저소득층이 매월 5만 원에서 20만 원까지 3년 동안 저축을 하면 서울시와 사회복지공동모금회 등 민간후원기관이 동일 금액을 추가 적립해줌으로써 자립 기반을 다질 수 있도록 지원하는 사업이다.

　얼마 전 편지 한 통을 받았을 때도 그랬습니다. 장장 5장이나 되는 장문의 편지였습니다. 편지를 보낸 분은 어린 자녀를 둔 어머니였습니다. 결혼 후 폭력을 휘두르는 남편 때문에 너무나 힘든 시간을 보내다가 몇 년 전 아이를 데리고 무작정 서울에 올라왔다고 자신을 소개하더군요.

　처음 서울에 올라왔을 때는 '어떻게 죽어야 하나.' 하는 마음뿐이었답니다. 하지만 주변에 좋은 분들을 많이 만나면서 삶의 희망을 품게 됐다고 합니다. 또 서울시가 지원하는 이런저런 사업의 혜택을 받으면서 기운도 차렸다고 합니다.

　올해는 '희망플러스 통장' 대상자로 선정돼서 목돈 마련의 꿈까지 꾸고 있다고 합니다. 구구절절한 사연에 안타깝다가도 서울시 덕분에 희망을 꿈꾸게 됐다고 하니 한편으로는 기쁘기도 했습니다. 그분은 제게 감사하다고 했지만 오히려 제가 인사를 드리고 싶은 심정입니다.

내용을 조금 줄여 이곳에 소개합니다. 지금 힘들고 지친 분들이 사연을 읽고 용기를 얻길 바랍니다.

안녕하세요. 전 **에 사는 두 아이의 엄마입니다.

2년 전부터 연말이면 한 해 동안 고마웠던 분들에게 감사의 마음을 전하곤 했는데 올해는 오세훈 시장님에게 그 마음을 꼭 전하고 싶어서요.

*년 전 아이들을 데리고 무작정 서울로 올라왔습니다. 술로 하루하루를 보내고 급기야 아이들에게까지 폭력과 폭언을 일삼는 애들 아빠를 피해서였습니다.

(……)

그렇게 서울로 와 반지하 단칸방을 얻었습니다. 가진 것이 없어 빨리 직장을 구해야 했습니다. 저는 정보지를 통해 오후 4시에 출근해 밤 11시 30분에 마치는 식당에 취직했습니다. 하지만 식당에 다니는 동안 밤에 아이들만 남겨두게 됐고 또 아이 숙제도 제대로 챙겨주지 못했습니다. 그래서 아침에 출근하고 저녁에 퇴근하는 직장으로 옮겨야겠다고 생각하고 계속 새 직장을 알아봤습니다.

지난 4월에야 지금의 직장에 취직해서 아침에 출근하고 저녁에 퇴근하며 아이들과 시간을 많이 가질 수 있는 안정된 생활을 하게 됐습니다. 사장님이 저의 사정을 이해하시고 많은 배려를 해주셨어요.

결국 이혼하면서 차상위 계층으로 지원을 받아 작은아이는 집 가까이 어린이집으로 가게 됐고 큰아이는 학교 급식을 무료로 받게 됐어요. 물질적으론 가난하지만 잠자리에 누워서 '엄마, 이젠 해가 져도 아빠가 술 먹고 올까봐 걱정하지 않아도 돼서 더 이상 무섭지 않아요.' 하는 큰아이의 말에 제가 선택을 잘했다고 위로했습니다.

(……)

처음 서울에 왔을 때는 '어떻게 죽어야 하나.'라는 생각으로 살았지만 그건 아이들에게 너무나 무책임한 생각이다 싶더군요. 그래서 행복하게 살아보자는 다짐을 하곤 했지만 그때마다 어떻게 살아야 할지가 걱정이었습니다. 그러나 안정된 직장을 잡고 아이들과 많은 시간을 보내고 또 주변에서 신경을 써주시고 하니 지금은 그저 열심히 살아야겠다는 생각만 합니다.

주말엔 아이들을 데리고 밖으로 나갑니다. 서울엔 교통비만으로도 문화생활을 누릴 곳이 참 많다는 사실을 새삼 깨달았어요. 7천 원이면 세 식구 든든하게 외식할 수 있는 곳도 알게 됐어요.

우리는 많은 대화를 나눕니다. 엄마를 참 많이 이해하고 안쓰러워하는 속 깊은 딸이 고맙기도 하고 애처롭기도 해요. 그렇지만 우리가 조금씩 나누어 짊어져야 한다고 애써 위로하곤 합니다. 그리고 작은 일에도 감사하고 행복을 느낄 수 있는 마음을 아이들에게 심어주려고 노력을 많이 합니다.

2009년! 우리에게 기적과도 같은 일이 일어났어요. 올해는 우리에게 행복하고 감사한 일들이 너무나 많아서 어떻게 다 나열해야 할지 모르겠어요. 우리 세 식구가 동사무소 사회복지사 선생님의 노력 덕분에 임대 주택으로 이사하게 됐거든요. 추운 겨울 집 밖으로 나가 볼일을 보지 않아도 된다는 것이 가장 기뻤습니다. 자기 방에 침대를 두고 있는 친구가 참 많이도 부러웠을 텐데도 마음 아파할 엄마를 배려해 내색하지 않는 아이에게 방을 줄 수 있어 정말 기분이 좋았습니다. 밝은 주방도 좋았습니다.

그리고 딸아이의 '방과 후 교실'이 문을 닫게 되면서 '** 공부방'에 가게 됐습니다. 그러면서 우리의 인생이 또 달라졌어요. 아이들을 내 아이처럼 애정과 관심을 갖고 대해주시는 열정적인 선생님을 만나게 됐거든요. 선생님의 권유로 아이에게 언니 겸 고민 상담을 해줄 사람이 필요할 것 같아 젊은 복지관 선생님을 만나게 됐습니다.

처음 선생님을 만나 제 이야기를 하면서 펑펑 울었던 기억이 아직도 선합니다. 저보다 열일곱 살이나 어린데도 선생님은 함께 눈시울을 붉히며 오랜 시간 제 이야기를 잘 들어주었어요. 가슴에 담아둔 이야기를 하고 나니 속이 후련해지더군요. 그렇게 인연을 맺은 복지관 선생님은 아이들을 친동생보다 더 아끼고 챙겨주었습니다. 아이들을 위해 하나라도 더 해주고 싶어서 안달하는 모습이 얼마나 고마웠는지 모릅니다. 그런데 이런 마음을 제대로 표현 못한 거 같아 문득 미안한 마음이 들기도 해요.

요즘 전 깨닫습니다. 이 사회엔 주변을 돌아보고 도움의 손길을 주려고 애

좌측에서부터
● 보다 많은 분들이 절망을 딛고 희망을 꿈꾸는 서울, 그것이 내가 꿈꾸는 따뜻한 서울이다.
● 서울형 해비타트 사업 현장 방문 시 도배 자원봉사자를 돕고 있다.

쓰시는 분들이 얼마나 많은지를. 매일 아침 눈을 뜨면 고맙고 감사할 일이
끊이지 않고 일어났던 한 해였어요.

제가 받은 이 따뜻한 손길을 작게나마 나누고 싶어 구세군 냄비가 보일 때
면 늘 발걸음을 멈추고 천 원 한 장을 넣습니다. 하루에 세 번을 보면 세 번
을 넣어요.

저는 요즘 제가 받은 도움에 보답하는 길은 무엇보다 제 아이들을 잘 키우
는 일이겠죠. 지금처럼 행복한 마음과 건강한 생각을 갖고 살면서 주변을
돌아볼 줄 아는 마음 따뜻한 아이들로 키우겠습니다.

이제 저는 절벽에 서더라도 뛰어내릴 생각이 아니라 날개를 달고 날아오를

생각을 하며 살 겁니다. 생각을 바꾸면 고통도 행복이 될 수 있다는 걸 알게 됐으니까요.

그리고 하나 더 자랑할 일이 있어요. 저는 희망플러스 통장 서류 심사와 면접을 통과해 20일 후에 통장을 약정하러 갑니다. 그래서 훗날 의사가 되고픈 아이의 꿈을 이루게 해주고 싶습니다.

고맙고 또 고맙습니다.

주저리주저리 글이 참 길었습니다. 두서도 없고요. 그런데도 자랑하고 싶은 일들이 자꾸만 생각나네요. 내년에도 우리 세 식구는 올해처럼 행복하고 건강할 겁니다. 내년 연말에 감사의 말을 전할 분들이 올해보다 더 많아질 것도 확신하고요.

시장님도 건강하시고 행복하세요.

2009년 12월 24일

아름다운 이름, 동행

언제부터인가 '개천에서 용 나던 시절은 끝났다.'는 말이 심심치 않게 들립니다. 현실적으로 사교육을 받은 아이들과 그렇지 못한 아이들의 성적 격차는 점점 벌어지고 있습니다. 부모의 부가 아이들 성적에 큰 영향을 미치고 있다는 것이죠. 안타까운 일입니다. 자본주의 사회에서 빈부의 차이가 생기는 건 어쩔 수 없습니다. 하지만 그런 현실을 방치하지 않고 타개할 방법을 찾아내는 것이야말로 건강한 자본주의 사회이고 민주화된 사회일 겁니다.

가장 바람직한 방도는 아무래도 교육이라고 생각합니다. 저도 어렸을 때 그랬지만 열심히 공부하고 노력하면 언젠가는 나아질 것이라는 희망을 품을 수 있는 사회여야 합니다. 희망을 가질 수 없는 국가나 도시에는 미래가 없습니다.

이런 고민 끝에 떠오른 단어가 있었습니다. 바로 '동행'입니다.

동행은 서울시에서 추진하고 있는 '동생 행복 프로젝트'의 줄임말로 일종의 봉사 활동입니다. 말하자면 대학생들이 형편이 어려운 집의 동생뻘 되는 아이들에게 공부와 예체능 실기를 가르치는 무료 과외라고나 할까요.

서울시가 동행 프로젝트를 시작한 것은 기존의 복지 패러다임에서 벗어나 새로운 방향에서 복지에 접근해보자는 의도 때문이었습니다. 전통적인 의미에서 복지 정책은 중앙 정부나 자치 단체의 예산으로 복지 서비스를 제공하는 것입니다. 하지만 서비스를 필요로 하는 대상에 비해 공급은 늘 부족한 게 현실이죠. 이를 어떻게 해결할까 고민하다가 시민이 직접 참여하는 복지 정책을 펼치면 좋겠다고 결론을 내렸습니다. 동행 프로젝트는 이런 고민 끝에 나온 정책입니다.

여기에는 전문대를 포함해 서울 소재 54개 대학 학생들이 참여하고 있습니다. 6,000명이 넘는 대학생이 활동했고 그중 3,000명 이상은 꼬박 40시간 동안 참여했습니다. 대학생들이 외부의 지원 없이 순수하게 참여하고 있는 점, 공공 기관이 주도해서 대규모로 진행하는 점 등을 고려하면 동행 프로젝트는 완전히 새로운 형태의 복지 개념이라 하겠습니다.

일단 반응이 아주 좋습니다. 120시간 넘게 봉사한 학생도 수십 명이라 합니다. 대학생들이 자신의 전공과 특기를 살려 교과목에서 예체능에 이르기까지 다양하게 동생들을 지도하기에 더 반응이 좋은 것 같습니다.

요즘에는 각 가정마다 자녀가 많지 않습니다. 그래서인지 동행 프로젝트는 가르치는 학생이나 배우는 학생들이 서로가 서로에게 형이 되고 동생이 되고 또 오빠와 언니가 되게끔 합니다. 글자 그대로 동생들도 행복해지고 형과 언니도 행복해지는 만남이라 할 수 있겠죠.

서울형 그물망 복지

이처럼 시민들이 직접 참여해 서울시의 복지를 실현해가는 시스템은 갑자기 나온 아이디어가 아닙니다. '서울형 그물망 복지'라는 서울시 복지 정책의 핵심 가치입니다. 서울형 그물망 복지의 일환입니다.

서울형 그물망 복지란 기존의 복지와 비교해 대상과 분야를 확장시킨 복지 개념입니다. 말하자면 복지 대상은 저소득층부터 장애인, 어르신, 여성, 어린이 등으로 확장됐고 복지는 주거·양육·교육·건강·문화 등으로 분화된 것이죠. 복지 정책의 사각지대를 없애려는 노력의 일환으로 나온 정책이라고 보면 되겠습니다.

특히 기존의 복지 정책이 저소득 빈곤층에게 시혜적인 혜택을 주는 것이었다면 서울형 그물망 복지는 자립과 자활의 기반을 마련하는 데 더욱 중점을

지향초등학교에서 동행 프로젝트를 하고 있는 모습. 동행 프로젝트는 '동생 행복 프로젝트'의 줄임말로 일종의 봉사 활동이다. 시민이 직접 참여하는 복지 정책의 일환이다.

둡니다. 희망플러스 통장이나 희망의 인문학이 대표적입니다.

또한 기존 복지의 수혜자가 저소득 빈곤층에 국한됐다면 서울형 그물망 복지의 수혜자는 서울 시민 전체입니다. 치매 노인을 돌봐드리는 데이케어 센터를 한 가지 예로 들 수 있습니다. 즉 과거에는 저소득 노인만이 노인 정책의 대상이었다면 이제는 모든 노인이 수혜 대상이 됐다는 것이죠. 데이케어 센터는 각 자치구마다 10개씩, 집에서 10분 내, 밤 10시까지 운영하며 치매 노인을 돌봐드리는 걸 목표로 하고 있습니다.

또한 서울형 그물망 복지는 시 예산으로만 추진하는 것이 아니라 시민들의 참여를 통해 복지 서비스를 완성해가는 것이 큰 특징입니다. 동행 프로젝트처럼 말입니다. 동행 프로젝트는 교육 복지이자 참여 복지의 일환이라고 할 수 있습니다.

저는 동행이라는 단어가 참 좋습니다. 더 많은 시민들이 서울시가 자신들과 동행하고 있다고 여겼으면 합니다. 그렇게 되려면 저와 직원들 모두가 앞으로 몸을 더 낮추고 일해야겠지요.

2010년 2월 20일

청년 실업의 대안, 청년 창업

새해라 그런지 따뜻한 마음을 담은 편지를 보내주는 분들이 많습니다. 그중 유독 제목이 눈에 띄는 편지가 있습니다. '서울시에 산다는 것이 자랑스럽습니다.'로 시작되는 편지입니다. 불의의 사고로 장애를 가지게 된 30대 중반 젊은 가장이 보낸 것입니다. 일부를 옮겨보겠습니다.

……제가 사업을 시작하게 된 계기는 몇 년 전 사고로 장애인이 되면서 직장을 잃었기 때문입니다. 저는 살길을 구상하면서 벤처 관련 공부를 꾸준히 했습니다. 그러다 작년 서울시에서 주관한 '2030 청년 창업 프로젝트'와 '중소기업청 실험실 창업'에 선정되면서 본격적으로 사업을 시작하게 됐습니다. 그리고 지금 창업한 지 불과 3개월 만에 매출이 2억 5천만 원에

달하자 저는 기술보증기금으로부터 새로운 사업 자금을 지원받았습니다. 현재는 직원 8명에 월 매출 1억 정도의 회사를 운영하고 있습니다.

사람들이 놀랍니다. 어떻게 짧은 시간에 이렇게 만들었냐고. 사람들은 제가 돈이 많아서 이렇게 된 줄 알고 있습니다. 그래서 요즘은 사람들에게 서울시 사업을 잘 활용하라며 조언해줍니다. 시장님 이하 저를 도와준 시 관계자들 특히 2030 청년 창업 센터에 계신 센터장님과 직원들께 감사의 마음을 전합니다. 앞으로 저처럼 행복한 시민들이 많아지도록 서울시 사업이 많이 홍보됐으면 좋겠습니다…….

서울에 사는 분들 모두가 서울 시민이라는 사실에 자긍심을 느끼는 도시, 바로 제가 꿈꾸는 서울입니다. 그래서 '서울시에 산다는 것이 자랑스럽습니다.'라는 제목이 유독 눈에 들어왔나 봅니다.

2030 청년 창업 센터는 2009년 7월 청년 실업 문제를 해결하고 일자리를 창출하기 위해 서울시가 세운 곳입니다. 특히 창업을 꿈꾸는 20대와 30대 청년들을 돕고 있습니다. 창업 교육, 홍보, 마케팅, 자금 지원, 창업 공간 무상 제공 등 창업의 전 과정을 원스톱으로 지원하고 있습니다. 편지의 주인공은 바로 이곳의 도움을 받은 분이었습니다.

제가 가끔 대학에 강연을 나가면 학생들이 이런 질문을 많이 합니다.

"다시 20대로 돌아간다면 무엇을 가장 하고 싶습니까?"

저는 단번에 창업이라고 답합니다.

이들이 사회에 나왔을 때 일자리 걱정 없도록 만들어주는 것. 그것이 복지의 가장 기본
이 아닐까.

변호사, 방송 진행자, 대학 교수, 정치인에 이어 행정가의 길을 걸어온 저의
이력 때문인지 창업이라는 말에 다들 고개를 갸우뚱하더군요. 하지만 창업만
큼 도전적이고 매력적인 일이 있을까 싶습니다. 전 세계가 부러워하는 실리콘
밸리의 명성도 결국은 창업에 도전한 젊은이들의 꿈과 열정이 있었기에 가능
하지 않았습니까?

제가 20대였을 때는 대학 졸업장만 있으면 취업이 잘 되던 시절이었습니다.

그래서 당시에는 창업을 생각하지 않았습니다만 요즘 청년 실업률이 전체 실업률의 두 배가 되고 보니 창업에 절로 관심이 가더군요.

취업난에 시달리는 청년들에게 창업은 발전적 대안이 될 수 있습니다. 다만 창업이라고 하니 아이템과 자금 조달 등 해결해야 할 문제가 많아 막막할 겁니다. 제가 20대로 돌아가 창업한다고 해도 일단은 막막하지 않을까 싶습니다. 그래서 서울시에서는 좋은 아이디어를 갖고 창업을 꿈꾸는 젊은이들을 지원하기 위해 2030 청년 창업 프로젝트를 추진하게 됐습니다. 반년밖에 지나지 않았지만 948명의 청년들이 지원 대상에 선정됐고 그중 342명은 이미 사업자 등록까지 마쳤습니다.

이들이 낸 사업 아이디어는 정말 통통 튀는 것이 많습니다. 경기라는 것이 어차피 불황기를 거치면 상승기를 타게 마련이라 아이템만 좋으면 투자 가치는 충분합니다. 저는 청년 창업 지원이야말로 현재의 경제난과 취업난을 풀어나갈 새로운 대안이라고 확신합니다. 이를 통해 88만 원 세대로 불리며 최악의 실업난을 겪고 있는 우리 청년들이 꿈과 용기를 가지게 됐으면 좋겠습니다.

발상을 조금만 바꾸어보세요. 거기에는 엄청난 기회가 숨어 있습니다. 무조건 취직만 할 게 아니라 창업도 꿈꾸어보세요. 지금 같은 상황에서는 새로운 기회가 될 수 있지 않을까요?

2010년 1월 13일

현장에
답이 있다

어제 오전 홀로 사는 어르신들께 '사랑의 점심 도시락'을 전해드렸습니다. 그때 한 할머니가 간절한 표정으로 제게 물었습니다.

"시장님, 임대 주택에 더 싸게 들어갈 방법은 없을까요?"

사랑의 점심 도시락이란 거동이 불편해 경로 식당을 이용할 수 없는 독거노인들에게 서울시가 매일 한 끼씩 집으로 도시락을 배달하는 사업을 말합니다. 저는 이 사업이 잘 시행되고 있는지 챙기는 도중이었습니다.

홀로 외롭지 않게

마포구 상수동 골목. 골목 안에는 좁고 불편하고 오래된 집들이 많았습니다. 배달할 집에는 좁은 방마다 할아버지 할머니가 한 분씩 살고 계셨습니다. 그중에서도 당뇨로 거동이 불편한 한 어르신은 마침 아버지 연배 정도로 보였습니다. 사고로 먼저 간 아들을 가슴에 묻고 홀로 외롭게 사신다는 어르신. 도시락 한 끼로 고달픈 하루를 위로해드리자니 송구스러울 뿐이었죠. 그래도 연신 고맙다시며 미소를 건네셨습니다.

또 다른 집으로 들어가니 할머니가 계셨습니다. 조그만 집을 반으로 쪼개서 다른 할머니와 나눠 쓰고 계셨는데 역시 거동이 불편해 방에만 계신답니다. 그래도 사랑의 도시락 덕분에 끼니를 때운다며 반갑게 맞아주셨습니다.

할머니는 긴 한숨과 함께 살아온 사연을 털어놓으셨습니다. 구구절절한 내용에 가슴이 꽉 막히더군요. 할머니가 사시는 동네가 재개발이 될지 모른다고 크게 걱정하셨습니다. 집이 철거되면 갈 곳이 없다는 겁니다. 임대 아파트에 들

쪽방을 방문해서 할아버지의 이야기를 듣고 있다.

어가고는 싶은데 순서를 기다리자니 막막하고 설사 임대 아파트에 들어갈 기
회가 있어도 임대료와 관리비를 마련할 방도가 없다고 또 한숨을 쉬셨습니다.

예전에도 임대 아파트에 들어갈 기회가 있었지만 임대료와 관리비를 감당할
엄두가 나지 않아 포기했다는 할머니. 임대 아파트에 더 싸게 들어갈 방법이
없겠냐며 저를 쳐다보십니다.

싸게 더 싸게

　　　　　　　저는 집무실로 돌아오는 길에 곧장 해결 방법을 찾으라고 담당 부서에 지시했습니다. 예산 등 넘어야 할 산이 많아 쉽지 않은 문제였지만 뜻이 있는 곳에 길이 있다고 하지 않았습니까. 다행히 할머니의 근심을 조금이나마 덜어드릴 방도가 보였습니다.

　현재 서울시 산하 SH 공사에서 공급하는 임대 아파트의 임대료는 주택공사에서 공급하는 임대 아파트의 80퍼센트 수준입니다. 5년째 동결된 상태인데 이를 2년 더 동결하기로 한 것입니다.

　그리고 경기 침체 상황을 감안해 2년 동안 한시적으로 입주자의 월 임대료를 10~25퍼센트 지원하는 계획도 세웠습니다. 동결 분을 포함하면 거의 20~35퍼센트 인하 효과가 생긴 셈입니다. 관리비는 임대 아파트 운영 합리화를 통해서 내년에는 40퍼센트까지 내릴 수 있지 않을까 기대합니다.

　이 소식이 할머니께 그마나 위안이 되면 얼마나 좋을까요? 겨울밤이 긴 건 그만큼 고민을 길게 하라는 뜻인가 봅니다. 가족의 온기가 어느 때보다 그리운 계절입니다. 서울시가 그분들을 위해 어떤 일을 또 해야 할지 더 많이 찾아다니며 고민해야겠습니다.

2008년 12월 12일

나와 너 그리고 우리가
진심으로 소통하기

'인도 턱이 이렇게 높았던가?'

'왜 이리 멀게 느껴지지?'

거리는 버스로 한 정거장 남짓 됩니다. 평소 같으면 5분이면 충분히 걸어갔을 거리입니다. 그런데 무려 20분이나 걸려 도착했습니다. 평소에는 의식하지 못했던 얕은 턱들이 왜 그리 높게 느껴지던지요. 뒤에서 미는데도 몇 번 씨름한 끝에 겨우 올라설 수 있더군요. 저는 운동을 좋아하기 때문에 근력이 좋은 편입니다. 그런데도 휠체어 바퀴 몇 번 돌리니 어깨가 뻐근했습니다.

지난 수요일 휠체어를 타고 세종문화회관에서 역사박물관까지 가면서 겪은 상황입니다.

장애인의 시선으로 서울을 보다

그날의 휠체어 체험은 서울시가 252명의 '장애인 편의 시설 살피미'를 임명하는 행사의 일환으로 이루어졌습니다. 살피미들은 서울의 거리와 각종 시설들을 살피면서 장애인들에게 불편한 점이 어떤 것이 있는지 또 어떻게 개선해야 하는지 모니터링할 예정입니다.

중요한 사실은 살피미 전원이 모두 장애인이라는 점입니다. 이는 장애인의 시각으로 서울을 살펴보고 문제점을 개선해나가자는 취지에서 나온 것입니다. 정책을 처음으로 제안한 제 입장에서는 특별히 기대가 큰 날이었습니다.

이전에도 장애인들의 어려움을 살필 기회는 좀 있었습니다. 그중 가장 뜻깊은 것은 작년 가을 시각 장애인들과 함께 남산에 오른 일입니다. 남산 산책로는 그나마 시각 장애인을 위한 편의 시설이 꽤 설치돼 있었습니다. 방향을 유도하는 점자 블록과 산책 도중 버튼을 누르면 지금 위치가 어디인지 음성으로 안내해주는 위치 정보 시스템이 설치돼 있었습니다.

그런데 그것은 제 생각일 뿐이더군요. 시각 장애인들과 남산을 같이 오르며 찬찬히 점검해보니 애로 사항이 많았습니다. 그분들은 일단 화장실 찾아가는 일부터가 쉽지 않더군요. 작은 웅덩이에 발을 헛디디기도 하고요.

또 기억에 남은 말이 건강에 좋다는 이유로 뒤로 걸으며 산책하는 사람에 관한 하소연이었습니다. 보통 사람들은 뒤로 걸어오는 이들을 피할 수 있지만 시각 장애인들은 그러지 못한답니다. 지팡이에 의지해 점자 블록을 따라가는데 움직이는 형체가 갑자기 나타나면 소스라치게 놀라게 된다는 것이죠.

그런 불편함을 정리해보니 대략 30여 가지나 되더군요. 집무실에 돌아오자마자 모두 개선할 것을 당부했습니다. 지금은 가장 가까운 직선거리를 통해 화장실을 갈 수 있도록 점자 블록을 깔았습니다. 시각 장애인을 위해 뒤로 걷는 것을 가급적 자제해달라는 현수막도 내걸었습니다. 또 범죄 위험을 예방하기 위해 CCTV도 설치할 예정입니다.

살피미 제도를 시행하면서 그때의 기억이 많이 났습니다. 장애인들의 건의를 직접 정책에 반영해 남산의 시각 장애인 편의 시설을 개선한 것처럼, 앞으로 서울의 거리 곳곳도 장애인들에게 행복한 공간으로 바뀔 것입니다. 벌써부터 기대가 되고 마음이 뿌듯해집니다.

그동안 장애인을 위한 정책은 많이 펼쳐졌지만 이렇게 전면적으로 장애인의

평소에는 의식하지 못했던 얕은 턱들이 엄청 높게 느껴졌다.

시선으로 서울의 거리 곳곳을 살피는 시도는 처음입니다. 1센티미터의 보도 턱
은 보통 사람에게는 아무 문제가 되지 않지만 장애인의 시선에는 큰 장벽처럼
보입니다. 그런 만큼 그동안 세세하게 살피지 못한 장애인들의 불편 사항은
앞으로 꽤 해소될 것입니다. 게다가 살피미로 활동하는 장애인들에게는 일자

리까지 보장되니 괜찮은 아이디어 아닌가요?

　이제 막 시도하는 사업이기에 하루아침에 서울 거리가 변하지는 않겠습니다만 장애인 시각에서 서울 거리를 바라보게 됐다는 점에 큰 의미를 두고 싶습니다.

　장애인이 살기 편한 도시를 만드는 일은 결국 모두가 살기 편한 도시를 만드는 일입니다. 장애인이 행복한 도시는 모두가 행복한 도시입니다. 그런 점에서 장애인 편의 시설 살피미는 결국 천만 서울시민의 불편함을 해소하는 살피미가 되리라 생각합니다.

2009년 4월 4일

끝까지 최선을 다하는 자가
승리자다

일정을 마친 늦은 시각에 공관에서 텔레비전을 켰습니다. 마침 바벨을 들어올리는 이배영 선수가 보였습니다. 그러나 이배영 선수는 바벨을 들어올리지 못하고 이내 앞으로 고꾸라지고 말았습니다. 그 순간 저는 감동을 받았습니다. 넘어지면서도 끝까지 바벨을 놓치지 않은 모습 때문이었죠. 그것은 베이징 올림픽 개막식을 보며 느꼈던 감동과는 또 다른 차원의 감동이었습니다.

저는 이튿날 출근하자마자 비서에게 이배영 선수에게 격려 전보를 보냈는지 물었습니다. 아직 계획이 없다는 답이 돌아왔습니다. 올림픽 선수단에 대한 서울시장의 공식 축전은 관례적으로 메달을 딴 선수에게만 보낸다고 합니다.

하지만 끝까지 바벨을 놓지 않은 손. 그것이 진짜 올림픽 정신 아닐까요? 저는 격려 전문을 꼭 보내라고 당부했습니다. 열심히 했지만 아깝게 4위에 머문 선수들에게도 보낼 것을 지시했습니다.

경쟁이 경쟁력이다

저는 평소 직원들에게 "2등에게는 먹을 것이 없다."는 말을 자주 합니다. 2등은 필요 없으니 무조건 1등을 하라는 말입니다. 그러나 그것은 '도시 경쟁'에서의 이야기입니다.

치열한 글로벌 도시 경쟁에서 경쟁력의 핵심은 선점입니다. 다른 도시들을 벤치마킹만 해서는 따라가기 힘듭니다. 두바이가 사막의 기적을 일으킨 것은 1등의 효과와 선점의 효과였습니다. 평소 '경쟁이 경쟁력'이라는 구호를 외치며 서울시를 변화시키는 데 혼신을 다한 이유도 서울이 선점의 효과를 움켜쥐기를 바라는 마음 때문이었습니다.

그러나 투혼을 다한 자에게는 박수를!

하지만 올림픽은 다릅니다. 끝까지 최선을 다한 자가 승리자입니다. 최선을 다했다면 1등이든 꼴등이든 모두가 승자입니다. 그런 점에서 이배영 선수는 진정한 승자입니다. 이배영 선수가 준 감동은 금메달리스트가 전해준 감동에 뒤지지 않습니다.

지금쯤 그는 서울시장이 서울시민을 대표해 보낸 격려 전보를 받았을 겁니다. 어쩌면 의례적 전보로 생각했을지도 모릅니다만 끝까지 투혼을 발휘한 모습에 진심으로 감동해서 보낸 전보임을 알아주었으면 좋겠습니다. 그리고 힘을 냈으면 좋겠습니다. 그가 불굴의 투지로 서울시민 그리고 대한민국 국민들에게 힘을 준 것처럼 말입니다.

오늘 신문을 읽어 보니 마음을 흐뭇하게 만드는 기사가 눈에 띄었습니다. 금메달리스트에게만 열광하던 과거와 달리 이번 올림픽에서는 은메달과 동메달리스트에게도 박수를 보내고 투혼을 불사른 선수에게도 찬사를 보내는 네티즌들이 많아졌다는 것입니다.

저와 생각이 같은 분들이 그처럼 많다는 것에 기분이 좋았습니다. 또 승리의 진정한 의미를 알고 있는 우리의 성숙한 시민 의식이 자랑스러웠습니다.

대한민국 올림픽 선수단 파이팅! 응원하는 우리 시민들도 파이팅!

2008년 8월 14일

05

맑은
서울에
미치다

자전거
예찬

∷

블로그 배경 화면을 봐도 알겠지만 저는 자전거 마니아입니다. 제가 자전거와 인연을 맺게 된 건 지금부터 10년 전입니다. 처음에는 남들처럼 운동을 해야겠다는 생각에서 산악자전거에 눈을 돌렸습니다. 그런데 이것이 만만하지 않았습니다. 처음에는 남산에서 연습했는데 남산 타워 직전의 오르막에서 숨이 턱에 차오를 만큼 고통을 느꼈습니다. '내가 왜 이 고생을 하고 있나.'라는 생각마저 들더군요.

하지만 저는 정상에 올라선 순간 새로운 세상을 알게 됐습니다. 등산과 마찬가지로 산악자전거의 맛은 정상에 섰을 때 실감할 수 있습니다. 감동 그 자체입니다. 저는 그날 이후 자전거에 흠뻑 빠져버렸습니다.

1석 5조를 얻으리라

자전거가 하체 근육에 좋은 건 물론이고 도전적 사고를 하는 데도 영향을 미칩니다. 가파른 길을 오르면 숨이 턱에 차고 심장이 멎을 것 같습니다. 이때 대퇴부에 가해지는 고통을 인내하며 페달을 밟을 때의 쾌감은 경험하지 못한 사람에게 설명하기가 참 난감합니다. 어쨌든 고통에 수반되는 쾌감은 한계의 순간을 이겨냈다는 승리감에 더해 자신감을 심어줍니다.

그런 애착으로 인해 저는 국회의원 시절 일주일에 두세 번은 집에서 여의도까지 자전거로 출퇴근하곤 했습니다. 약 20여 킬로미터 거리였죠. '자출족' 명단에 이름을 올리기도 했습니다.

그런데 단순히 건강이나 기분 때문에 자전거를 좋아했다면 지금처럼 빠져들지는 않았을 겁니다. 저는 자전거가 좋기도 하지만 때로는 고맙기까지 합니다. 왜냐하면 도시가 자동차보다는 자전거 중심으로 발전해가고 자전거보다는 보행자 중심으로 발전해가야 한다는 깨달음을 주었기 때문입니다.

자전거를 타지 않고 자동차만 이용했다면 보지 못하고 느끼지 못한 채 지나쳤을 것들이 참 많습니다. 지금은 시간이 부족해 자주 자전거를 이용하지 못하지만 과거 의정 활동 시절에는 동호회 회원들과 자전거로 남한산성에 오르곤 했습니다. 그때 내려다본 서울은 둥근 돔 같은 모습에 뿌옇게 흐려 있기까지 했습니다. 마치 혼탁한 어항 물속 같더군요.

저는 국회의원 시절부터 시장이 된 지금까지 서울의 공기질 개선에 유독 정성을 쏟고 있습니다. 아마도 자전거를 타고 다니며 느꼈던 맑은 공기에 대한 절실함 때문일 겁니다. 자동차보다는 자전거를 타는 시민이 많아지고 자전거보다는 걸어다니는 시민이 많아지면 환경 문제, 교통 문제, 에너지 문제가 더 쉽게 해결될 것이란 믿음도 여전히 변함이 없습니다.

그래서 저는 늘 강조합니다. 자전거를 타면 1석 5조를 얻는다고 말입니다. 첫째 건강에 좋고, 둘째 교통난을 해소하고, 셋째 주차난을 덜어주고, 넷째 대기질을 개선하고, 다섯째 에너지를 절약할 수 있습니다.

서울시에 처음 생긴 자전거 전담 조직

저는 취임하자마자 도시교통본부에 녹색교통팀을 만들어 자전거 정책을 전담케 했습니다. 그리고 작년 9월에는 아예 자전거교통추진반

자전거를 타고 수중 정화 활동 장소로
이동 중 모습

까지 별도로 만들었습니다. 하지만 자전거 정책이 자
전거를 좋아하는 마음만으로 추진되는 게 아님을 깨닫기까지는 그리 많은 시
간이 필요치 않았습니다. 가장 어려운 점은 자전거에 대한 사람들의 인식을 바
꾸는 것이었습니다.

자전거 정책의 핵심은 자전거 전용 도로의 설치입니다. 그래서 서울시는 지

난 가을 207킬로미터의 자전거 전용 도로 건설 계획을 발표했습니다. 하지만 공사가 올해로 미뤄진 곳이 아주 많습니다. 기존 도로를 좁히는 것에 대해 경찰청이 반대했기 때문입니다. 교통 체증과 안전사고의 증가가 반대하는 이유였습니다.

경찰청의 고민을 이해 못할 바는 아닙니다. 그러나 자동차 대신 자전거를 탈 수 있는 환경이 조성되면 오히려 교통 체증이 줄고 교통사고도 줄지 않을까요? 서울시는 경찰청과 수시로 의견을 조율하고 협조를 구하고 있습니다.

문제는 또 있습니다. 시민들의 이용률입니다. 서울에 207킬로미터에 달하는 자전거 전용 도로가 만들어진다고 해서 너도나도 자전거 출퇴근을 할까요? 아마 아닐 겁니다.

자전거 출퇴근을 하지 않는 이유는 뭘까요? 제 생각에는 자전거가 교통수단이라기보다 놀이 수단으로서 이미지가 강하기 때문이 아닐까 싶습니다. 교통 습관은 쉽게 바뀌지 않으니 말입니다.

빨리 하는 것보다 지속적으로 하는 것이 중요하다

그래도 반가운 것은 지난 가을 설문 조사 결과에서 시민 중 67퍼센트가 자전거 전용 도로를 만드는 데 찬성했다는 점입니다. 일단 기본적인 공감대는 있다는 뜻이겠죠. 사실 성질이 급한 분들 가운데에는 왜 서울을 유럽처럼 자전거 천국으로 만들지 못하냐고 꾸지람하는 분들도 있습니다. 정책은 그렇게 단순 비교로 추진할 수는 없겠죠.

사진 ⓒ joonchoi

우리가 알고 있는 유럽의 대표적 자전거 도시들은 대개 인구가 200만, 300만 명 정도입니다. 1천만 인구의 서울과는 조건부터 다릅니다. 따라서 자전거 도시를 꿈꾸는 분들은 너무 실망하지 마시고 좋은 방안을 구상해보셨으면 합니다.

이런 말이 있습니다.

"인생은 자전거를 타는 것과 같다. 당신이 계속 페달을 밟는 한 당신은 넘어질 염려가 없다."

늘 강조하는 말이지만 빨리 하는 것보다는 지속적으로 하는 것이 더 중요합니다. 자전거 정책도 마찬가지 아닐까요?

2009년 2월 10일

깨끗한 공기는
매일 먹는 보약과 같다

∷

오늘 황사가 참 심했습니다. 누런 대기를 바라보며 기분마저 뿌옇게 흐려졌습니다.

서울의 공기를 깨끗하게 만들겠다고 갖은 노력을 벌이고 있는데 이렇게 황사가 방해를 합니다. 중국의 황사 바람을 막기 위해 서울 하늘 전체에 지붕을 덮을 수도 없습니다. 호흡기 질환이 있는 분들은 얼마나 더 괴로울까 생각하니 혀만 차게 됩니다.

하늘을 보며 이래저래 걱정하고 있는데 어느 시민으로부터 뜻하지 않은 인사를 받았습니다. 뉴스에서 하도 황사에 대한 경고를 하기에 마스크를 준비해서 출근했는데 막상 도로에 나오니 먼지 대신 물청소 흔적이 있어 마음이 놓였다는 겁니다. 그분은 서울시가 황사를 대비해서 밤새 물청소한 수고를 알고 계셨습니다.

황사를 막는 물청소의 마법

물청소를 하면 도로 먼지의 25퍼센트 이상이 제거됩니다. 그래서 서울시는 황사 주의보가 발령되면 물청소 차량 244대와 소방차 66대를 동원해 즉시 물청소부터 합니다. 버스 정류장, 보호 난간, 방음벽, 가로 시설물, 가로수 할 것 없이 물을 뿌립니다.

사실 물청소는 황사가 발생한 날에만 하는 건 아닙니다. 취임 이후 저는 서울 시내 도로를 정기적으로 물청소하라고 지시했습니다. 도로 물청소는 평소에도 대기질을 개선하는 데 효과가 크기 때문입니다. 그렇게 2년 넘게 진행해

새벽에 도로 물청소를 하고 있는 모습

왔지만 여전히 이런 사실을 모르는 분들이 많습니다.

그도 그럴 것이 물청소가 새벽에 이루어지기 때문입니다. 그나마 대기질에 대한 관심이 높아지는 황사 철이 되니까 앞에 소개한 한 시민처럼 알아보는 분들이 나타난 것이죠.

서울시 대기가 점점 맑아지고 있다는 뉴스를 접한 분들이 많을 것입니다. 실제 2006년 취임했을 때 62mg/m였던 미세 먼지 농도는 1년 만에 10퍼센트 가까이 줄었습니다. 올해는 목표치인 49mg/m에 근접하리란 예상입니다. 황사가 불어오면 일시적으로 대기질이 나빠지지만 전체적으로 보면 좋아졌다는 의미입니다. 이런 성과를 내는 데 크게 기여한 것이 바로 물청소입니다.

서울의 대기질은 최근 3년간 역대 최고로 맑은 기록을 경신하고
있다. 이 추세대로라면 2~3년 내 백령도나 제주도쯤의 맑은 서
울을 기대해도 좋을 듯하다.

한 달에 한 번, 서울 클린 데이

현재 각 자치구마다 규칙적으로 도로를 청소하고 있습니다. 또 매달 넷째 주 수요일은 '서울 클린 데이'로 정해서 25개 자치구가 동시에 보도와 시설물들을 닦습니다. 그동안 청소한 거리만도 200만 킬로미터가 넘습니다. 지구 50바퀴를 돈 거리와 맞먹습니다.

처음에는 환경미화원의 근무 여건을 감안해서 낮에 물청소를 했습니다. 그랬더니 민원이 끊이지 않았습니다. 쓸데없이 물 낭비를 한다고 비난하는 시민들이 있는가 하면 어떤 운전자들은 도로의 물이 튀어 차가 더럽혀졌다고 원성을 퍼부었습니다. 차량 때문에 심해진 대기 오염을 줄이기 위해 물청소하는 것인데 오히려 차에 물이 튀었다고 항의를 받으니 힘이 쭉 빠지는 날도 있었습니다.

깨끗한 공기는 매일 먹는 보약과 같습니다. 오죽하면 현재 55mg/m인 미세 먼지 농도가 49mg/m까지 줄면 서울시민의 평균 수명이 3년 연장된다고 어느 의사가 말했을까요.

하지만 아무리 대기질 개선이 중요해도 시민들의 원성을 외면할 수는 없더군요. 그래서 청소 장비를 개선해 물이 튀는 것을 방지했습니다. 그리고 직원들이 고생하겠지만 낮에 하던 물청소를 새벽에 하기로 했습니다.

　서울시가 아무리 물청소를 열심히 해도 오늘 같은 최악의 황사에는 힘이 부칩니다. 그렇다고 손을 놓고 있을 수는 없습니다. 앞으로도 황사 주의보가 발령되면 서울시는 즉각적인 조치를 취할 겁니다.

　아침에 평소보다 더 맑아진 하늘과 깨끗해진 거리를 보게 된다면 새벽녘 고생한 이들이 있었구나 하고 생각해주기를 바랍니다. 그러면 우리 직원들이 앞으로도 더 즐겁게 일하지 않겠습니까?

2009년 3월 17일

시내버스의 비밀,
알고 계십니까

. . .
. . .

저는 상당히 민감한 체질입니다. 그래서일까요? 오래전부터 거리에 나설 때면 목이 따갑고 가슴이 조이는 느낌을 받았습니다. 그런데 16대 국회의원으로 환경노동위에서 일하던 시절 저는 탁한 공기의 주범을 알아냈습니다. 바로 시내버스였습니다.

다들 정류장에서 시커먼 매연을 뿜어내는 버스 뒤꽁무니에 눈살 찌푸린 기억이 있을 것입니다. 저도 국회의원이 되기까지는 버스에서 나오는 매연이 실제 어느 정도인지 알 수 없었습니다. 그런데 당시 자료를 조사하다가 1년 동안 시내버스 한 대가 내뿜는 매연이 쌀 2가마 분량에 이른다는 것을 알게 됐습니다. 그런 버스가 서울시에만 7,700여 대니까 서울 도심에는 1년에 1만 5,400가마의 매연이 뿌려진다는 얘기였습니다. 여기에 마을버스와 오토바이까지 합치면 상상을 초월할 정도입니다.

그러니 와이셔츠 깃이 새카매지고 저처럼 민감한 체질인 사람은 밖에만 나가도 목이 따가울 수밖에요. 와이셔츠 더러워지는 데서 끝나면 다행이지만 미세 먼지는 우리 건강에 직접적인 악영향을 미칩니다. 미세 먼지가 몸속에 들어오면 배출이 안 되기 때문에 심혈관 질환과 같은 병의 원인이 됩니다.

CNG버스, 너는 내 운명!

그때부터 시내버스의 매연을 획기적으로 줄일 방안을 연구하기 시작했습니다. 방법은 의외로 간단했습니다. 시커먼 매연을 내뿜는 경유 버스 대신 매연이 나오지 않는 압축천연가스CNG 버스를 시내버스로 투입하

CNG 버스는 미세 먼지 배출량이 제로이다.

면 됩니다. CNG 버스는 미세 먼지 배출량이 제로랍니다. 두 버스의 차이는 예전의 석유곤로와 지금 쓰는 도시가스의 차이라고나 할까요?

당장 관련 법안을 발의하기 위해 자료를 모으기 시작했습니다. 문제는 서울 시내를 오가는 버스 모두를 어떻게 천연가스 버스로 교체하느냐 하는 것이었죠. 버스 회사에서 자발적으로 교체할 리 만무하기 때문입니다.

결국 샌프란시스코와 도쿄를 직접 방문해 관련 자료를 수집했습니다. 그러고 나서 디젤 버스와 CNG 버스 구입비의 차액을 환경부와 서울시가 일대일의 비율로 비용을 부담하도록 한 법을 발의해 통과시켰습니다. 그것이 바로 '수도권대기환경개선에 관한 특별법'입니다. 정말 공을 많이 들여서 만든 법이었습니다.

　많은 분들이 제가 국회에서 통과시킨 정치자금법을 '오세훈 법'이라고 부릅니다. 하지만 저는 '수도권대기환경개선에 관한 특별법'이 진정한 오세훈 법이라고 여기고 있습니다.

　운명적 인연이라는 표현은 이럴 때 쓰는 걸까요? 제가 시장에 취임하던 2006년 6월 1일이 바로 그 법이 시행되는 날이었습니다. 제가 법을 만들어놓고 제가 현장에서 집행까지 하게 됐으니 참 대단한 인연 아닙니까?

　그래서 더 신이 나서 추진했던 것 같습니다. 저는 서울 시내를 돌아다니는 7,700대의 버스를 2010년까지 100퍼센트 CNG 버스로 바꾸어놓을 계획을 세웠습니다. 그런데 법을 만드는 입법 과정과 그 법을 정책으로 적용하는 행정 사이에는 굉장한 간극이 있었습니다.

　우선 시작부터 난관이 가로막고 있었습니다. 승용차에 주유소가 필요하듯 CNG 버스에도 천연가스 충전소가 필요합니다. 그런데 매연 가득한 시내버스를 깨끗한 CNG 버스로 바꾼다고 하면 모두 박수를 치지만 동네에 압축천연가스 충전소를 짓겠다고 하면 하나같이 반대하는 겁니다. 심지어 '오세훈 시장 각성하라'는 글자가 쓰인 현수막까지 등장하더군요.

　이유는 다른 게 아니었습니다. 바로 '가스'라는 말이 주는 공포 때문이었습니다. 그러나 그건 한 마디로 무지의 결과입니다. 천연가스의 무게는 공기보다 가볍습니다. 당연히 가스가 새면 위로 올라가 흩어집니다. 실수로 가스가 샌다고 해서 무조건 폭발하지는 않는다는 말입니다. 그렇게 안전한 CNG 충전소를 반대하니 답답한 노릇이었습니다. 결국 설득밖에 답이 없었습니다. 저와 직원들이 직접 주민들을 만나 대화하고 설득했습니다. 그런데도 좀처럼 진도가 나가지 않아 답답하더군요. 그러던 어느 날 한 간부가 반대하는 주민들이 했다는 얘기를 들려주었습니다.

"그렇게 안전하면 당신들 일하는 곳에다 한번 짓든가!"

바로 이거다 싶었습니다. 정말 좋은 아이디어였습니다. 안전에 대한 확신이 있었던 만큼 못 지을 것도 없었습니다. 저는 지금도 그 말을 해준 시민이 고마울 따름입니다.

마침내 2007년 5월 1일 드디어 서울시 청사 뒷마당에 충전소가 설치됐습니다. 불과 10미터도 되지 않는 거리에 제가 근무하는 건물이 있습니다. 그때부터 지금까지 매일 100대가 넘는 버스가 이곳에서 충전하고 있습니다. 그동안 어떤 문제도 없었습니다. 앞으로도 당연히 없을 것입니다.

선진국의 공기맛, 후진국의 공기맛

시청에 충전소가 설치되고 안전성이 입증되자 충전소 건립은 급물살을 탔습니다. 25개 자치구에 각 2개씩 모두 50개를 만드는 것이 목표였는데 최근 모든 계획이 순조롭게 마무리됐습니다. 게다가 CNG 버스로의 엔진 교체 사업도 지금 계획대로 착착 진행되고 있습니다. 2010년까지 모든 시내버스를 CNG 버스로 바꾸는 계획이 무난히 달성되지 않을까 싶습니다.

서울 시내버스를 CNG 버스로 바꾸기 시작한 지 벌써 3년이 지났습니다. 오늘 아침 신문을 펼치니 반가운 기사가 눈에 들어왔습니다. 남산 타워와 청명한 하늘을 찍은 사진이 1면을 장식하고 그 위로 '서울 하늘, 대기질 측정한 이래 가장 깨끗'이라는 기사 제목이 달려 있습니다.

요즘 서울 공기가 많이 좋아졌다는 인사를 제법 받습니다. 예전에는 흰색 와이셔츠를 하루만 입어도 깃이 새카맣게 변했는데 이제는 이삼 일을 입어도 괜찮다는 분도 계십니다.

실지로 대기 중 미세 먼지 수치가 그 변화를 증명해줍니다. 서울의 대기질을 측정하기 시작한 것이 1995년부터인데 그때 이후로 지금이 최저치랍니다. 아무래도 공은 CNG 버스에게 돌려야 할 것 같습니다.

선진국과 후진국을 구별하는 기준 중 하나가 공기질입니다. 이제 우리도 공기의 맛을 따져야 합니다. 지금 추세라면 2, 3년 내에 서울에서도 백령도와 제주도 수준의 공기를 마실 수 있으리란 예측도 가능합니다. 뜻이 있는 곳에 반드시 길이 있다는 말이 정말 실감이 납니다.

2008년 7월 29일

녹지가 늘어나면
서울의 꿈도 커진다

● ●
● ●

오늘 많은 사람들 앞에서 눈물을 보이고 말았습니다. 그냥 눈물을 보인 것으로 끝났다면 그나마 다행인데 기자들이 그 순간을 놓치지 않고 셔터를 마구 누르더군요. 결국 제 모습이 지면에도 실렸습니다. 공인으로 산다는 게 쉽지 않은 일임을 새삼 깨달았습니다.

가장 뿌듯하고 가장 가슴 아린 공원

오늘 감정을 추스르지 못한 이유는 '세운 초록띠 공원' 준공식 때문이었습니다. 세운 초록띠 공원은 북한산-종묘-남산-용산 공원-국립 현충원-관악산으로 이어지는 서울의 녹지 축을 한가운데서 끊어놓고 있는 세운상가를 허물고 그 자리를 녹지로 만드는 사업입니다. 그 사업의 첫 단계로 현대 상가 터에 작은 공원이 탄생했습니다. 서울시의 20년 숙원 사업이 마침내 첫 결실을 거둔 것입니다.

그런데 이날 무척 뜻깊은 분이 함께하셨습니다. 그분은 세입자들의 합의를 이끌어내느라 2년 동안 동분서주했던 서울시 직원의 미망인이었습니다. 미망인을 보니 그날이 생생하게 떠올랐습니다.

"시장님, 마지막까지 합의가 안 되던 세입자 대표 중 한 명과 결국 합의가 이루어졌습니다."

저는 보고를 하는 담당 간부를 껴안아주고 싶었습니다. 그만큼 세입자들과의 합의를 이끌어내는 과정이 지난했던 것이죠. 서울이라는 도시의 브랜드 가치를 생각하면 하루라도 빨리 공사를 시작하는 게 정답이었습니다. 그렇지만 생업의 터전을 옮겨야 하는 상인들의 저항도 완강했습니다. 시로부터 보상금을 더 받아내려는 건 그분들 입장에서는 당연한 일이었죠. 지난 20년 동안 세운상가 철거가 진척되지 못한 가장 큰 이유도 바로 보상 때문이었습니다. 그힘든 일을 마침내 해결했다는 반가운 소식이었는데 안타깝게도 담당 간부의 말은 거기서 끝나지 않았습니다.

"마지막 합의를 이끌어내고 집으로 돌아가던 보상팀장이 교통사고로 그만……."

당시 보상팀장은 세입자들을 설득하느라 현장에 거의 살다시피 했습니다. 그날도 마지막까지 합의가 안 된 한 명의 세입자를 만나 설득했다고 합니다. 그리고 늦은 밤 부서에 전화를 걸어 설득이 끝났다고 말한 후 세입자를 집으로 바래다주었다고 합니다. 그런데 돌아서던 길에 그만 교통사고를 당했다고 했습니다. 서울시의 20년 숙원 사업을 마침내 시작할 수 있게 해놓고 자신은 저 세상 사람이 돼버린 것입니다. 그 안타까운 심정을 어떻게 말로 표현할 수 없더군요.

세운상가를 헐고 녹지축을 잇다

사실 그가 그토록 고생했던 것은 세운상가의 굴곡진 역사와도 무관하지 않았습니다. 관련 자료를 찾아보니 현재 세운상가를 비롯해 4개의 상가들이 서 있는 거리는 일제 강점기에 폭격과 화재를 피하기 위해 서울 곳곳에 강제로 만들어졌던 소개疏開 도로 중 하나였습니다. 그런데 도로가

세운 초록띠 공원 완성 후의 조감도. 관악산에서 북한산까지의 녹지축이 연결되면서
종묘에서 바라보면 북악산과 남산 양 방향으로 조망이 가능해진다.

완성되기 전 해방이 돼 작업은 중단됐다고 합니다. 빈터는 정리가 되지 않은 채 흉하게 방치됐다가 한국전쟁을 맞게 됐습니다. 그리고 한국전쟁 후 전쟁 이재민과 월남 이주민들이 정착하면서 서울의 대표적인 빈민촌으로 변했습니다.

그러다가 1968년도에 불도저 시장이라고 불리며 서울시의 기반 시설을 만드는 데 총력을 기울였던 당시 김현옥 시장이 이곳의 판잣집을 밀고 18층 높이의 주상 복합 타운을 건설했습니다. 그것이 바로 오늘날의 세운상가였습니다. 당시 준공식에는 박정희 대통령이 직접 참석했습니다.

세운상가는 처음으로 냉온수가 나오는 아파트라는 명성으로 서울에서 손꼽히는 부자들만 살 수 있었다고 합니다. 대한민국 개발 성장의 상징으로 자리 잡을 만했죠. 세운상가世運商街라는 이름도 세계로 그 기운이 뻗어나가라는 뜻에서 지었다고 합니다. 그 이름대로 한동안 대단한 영광을 누렸습니다.

하지만 그 명성도 세월과 함께 퇴색해갔고 1980년대 후반 대형 상가들이 속속 생겨나면서 입지가 아주 좁아졌습니다. 결국은 도심 한복판의 대표적인 흉물이 된 것이죠.

저는 시장에 출마할 때 세운상가를 허물고 그 자리에 창경궁에서 남산을 잇는 녹지 축을 만들겠다고 공약을 내걸었습니다. 세운상가를 허물고 이곳에 녹지 축을 조성하면 시민들은 북한산에서 관악산으로 이어지는 시원한 녹지 조망을 되찾게 될 것입니다. 또한 이곳에 과거 세운상가의 전성시대를 능가할 새로운 상업 단지를 만들어 죽어가는 도심 상권을 부활시킬 수도 있을 겁니다.

그런데 반응이 그리 좋지가 않더군요. 청계천 복원보다 열 배는 더 어려운 사업이란 거죠. 실제로 세운상가 철거는 1980년대부터 이미 논의되기 시작했고 1995년 2월에는 공원화 계획까지 구체적으로 발표됐습니다. 문제는 예산이 천문학적으로 들고 이해관계의 실타래를 푸는 것이 매우 어렵다는 것이었습니다. 제가 시장에 출마할 당시에도 상대 후보들로부터 터무니없는 일이라고 비난받기도 했습니다.

이 사업을 맡은 직원들 역시 그런 어려움을 모르지 않기에 더욱 열심히 매달렸을 겁니다. 특히 보상팀장은 평소에도 성실하고 겸손한 성품이라 따르는 이들도 많았죠. 그랬는데 어려운 산을 넘고 넘어 마지막 합의를 이끌어낸 밤 그토록 허망하게 세상을 떠났다니. 가슴 한구석이 뚫린 것처럼 휑한 느낌이었습니다.

그리고 그가 목숨을 바쳐 이룬 사업인 세운 초록띠 공원의 준공식에서 미망인에게 감사패를 전하자니 뭐라 말을 잇기 힘들더군요. 평소 동료들의 신망이 두터웠던 그를 대신해 미망인은 현재 서울시 산하 SH 공사 직원으로 일하고 있습니다. 하지만 아직 어린 두 아들을 혼자 키우기가 얼마나 힘들까 생각하면 여전히 가슴이 아립니다.

그래서 오늘은 감정을 추스르기가 쉽지 않았습니다. 그래도 믿고 싶습니다.

하늘 저편에서 그가 서울 한가운데 공원을 보며 벅찬 감회에 젖어 있으리란 걸 말입니다.

그린 디자인으로 북한산 다람쥐가 한걸음에 한강까지

저는 이런 상상을 해봅니다. 북한산의 다람쥐가 북악산을 거쳐 종묘를 거쳐 남산을 통해 용산 공원을 지나서 한강의 물을 먹고 다시 북한산으로 돌아갈 수는 없을까.

지금은 물론 불가능합니다. 북한산은커녕 남산에서 내려온 다람쥐도 한강에 닿을 수가 없을 겁니다. 우리가 그동안 북한산에서 한강까지 이어지는 녹지를 중간 중간 콘크리트로 단절시켜 놓았기 때문입니다.

이를 해결하는 방법은 한 가지입니다. 콘크리트로 덮어버린 자연 녹지를 다시 원래의 상태로 되돌려놓으면 됩니다. 저는 이것을 '그린 디자인'이라고 부릅니다.

세운상가의 절반이 포함된 종로~청계천 구간의 상가를 철거하고 광장과 녹지를 조성한 새운초록띠 공원은 그린 디자인의 대표적인 모델입니다. 지금까지는 1단계가 마무리된 것이고 2단계는 2012년, 3단계는 2015년까지 계속될 것입니다. 모두가 불가능하다고 고개를 젓던 일이기에 앞으로 가는 길도 결코 쉽지 않음을 잘 알고 있습니다.

하지만 6~7년 후쯤, 완성된 세운 녹지축을 시민들이 거닐 그날을 상상하면 즐겁습니다. 지금의 계획들이 모두 결실을 맺는다면 애초에 제가 상상했던 장면 그러니까 북한산의 다람쥐가 한강의 물을 먹고 다시 북한산으로 돌아가는 장면이 현실이 될 수 있을 테니 말입니다. 이러한 그린 디자인을 통해 시민들은 더욱 푸르러진 서울 속에서 맑은 공기를 덤으로 얻게 되겠죠.

그래서 훗날 도심 한가운데의 녹지를 거닐던 누군가가 '오세훈 시장 시절에 굉장히 중요한 첫 삽을 떴구나.'라는 생각에 고개를 끄덕여준다면…… 지금의 숱한 고생쯤이야 그저 넘겨버릴 만하지 않을까 생각해봅니다.

2009년 5월 21일

나부터
작은 실천을

수목장을 치르고

　　　　지난달 23일 아침 저는 조부모님을 수목장으로 안장하는 예를 치렀습니다. 밤새 부슬부슬 내린 비로 숲 속 가득 물안개가 자욱하던 날이었습니다. 그날 저희 할아버지 할머니는 양평의 한 소나무 아래 영원히 터를 잡으셨습니다.

　수목장에 대해 들어보신 분들은 많겠지만 정확히 아는 분은 많지 않을 겁니다. 수목장은 고인의 유골을 화장한 후 나무뿌리 주위에 묻어주는 장례법입니다. 추모목 한 그루로 고인을 기념하는 수목장은 삶을 다한 우리 인간이 한 그루의 나무가 돼 온전히 자연으로 돌아간다는 의미를 갖고 있습니다. 그런 점에서 비움과 나눔을 실천할 수 있는 친환경적인 장묘 문화이기도 합니다.

　숲 속 곧게 뻗은 소나무 아래에 묻힌 저희 조부모님은 이제 추모목 한 그루로 저희 곁에 남으셨습니다. 원래 조부모님을 모신 곳은 경기도 이천의 선산이었습니다. 그런데 선산이 특전사 부지로 수용될 예정이라 가족들은 이장 문제를 고민했습니다.

　원래 저희 집안이 10대 이상 용인에서 살다가 이천에 선산을 마련해 옮겨간 터라 이천 선산에만 20기 이상 조상 묘가 있었습니다. 이 많은 묘를 다 이장하자니 자손들마다 생각이 다를 수밖에 없더군요. 다시 용인으로 가자는 의견과 이천 부근에 다른 선산을 마련하자는 의견 등이 맞섰습니다.

　저는 애초부터 산허리에 묘지를 만드는 매장 문화에 대해 회의적인 생각을 가지고 있었습니다. 아름다운 산과 들이 묘지로 뒤덮여가는 것이 개탄스러웠습니다. 나무를 베고 묻는 장묘 문화를 이젠 어떤 식으로든 바꿀 때가 됐다는 것이죠.

그래서 집안 어른들을 설득하기 시작했습니다. 다른 묘 자리를 찾아 나설 것이 아니라 이장하는 김에 화장을 해서 가장 친환경적인 매장 방법으로 여겨지는 수목장으로 모시자는 의견이었습니다.

물론 반대가 심했습니다. 특히 아버지는 수목장을 치르기 직전까지도 마음이 흔들렸습니다. 당신의 부모님을 전통적이고 유교적인 장례 풍습에 따라 모시지 못하는 점이 못내 마음에 걸린 듯 보였습니다. 게다가 정치를 하는 아들을 두었으니 조상 묘 자리를 잘 써야 한다는 주위의 훈수에 오랫동안 마음을 잡지 못하기도 했습니다.

저도 그 마음을 헤아리지 못한 것은 아니었지만 이러한 문제일수록 솔선수범해서 모범을 보여야 한다는 말로 아버지를 설득했습니다. 결국 아버지가 제 뜻에 공감해주셨고 마침내 이천도 용인도 아닌 양평의 국유림에 조성된 수목장림에 조부모님을 안장하게 됐습니다.

전 세계적으로 수목장이 처음 시작된 곳은 1993년 스위스라고 합니다. 생각보다 역사가 그리 길지 않습니다. 그 후 친환경적인 장례 문화로 알려지면서 독일과 일본 등으로 급속히 퍼졌습니다.

우리나라에서는 2004년에 처음으로 수목장이 치러졌다고 합니다. 평생을 삼림 연구에 바친 고려대 김장수 명예교수의 장례가 최초였고 그 후 양영모 전 간디학교 이사장 등 숲을 살리는 장례 문화를 선택한 분들에게 점차 확산

되고 있습니다.

저는 수목장을 무위자연無爲自然과 자연회귀自然回歸의 삶을 실천하는 장례 문화라고 봅니다. 그래서 많은 분들이 말씀하시듯이 수목장이야말로 최고의 에코-다잉Eco-Dying이 아닐까 생각합니다. 화장한 뼛가루를 수목에 거름처럼 넣어 줌으로써 아름다운 숲을 이루게 만드는 수목장. 저는 수목장이 인간과 자연이 영원히 상생하는 길이 아닐까 싶습니다.

저희 조부모님을 안장한 수목장림은 2009년 5월 20일 우리나라 최초로 국유림에 조성한 경기도 양평의 '하늘숲 추모 공원'입니다. 그동안 우리나라에는 법적으로 허가를 받은 수목장림이 없어 아쉬웠는데 법령이 개정되면서 이제 문을 열게 됐습니다. 최장 60년까지 추모목을 사용할 수 있고 관리비도 15년에 200만 원 정도로 납골당보다 저렴합니다.

수목장이 더 확산됐으면 좋겠다는 바람을 가져봅니다. 우리 스스로 생각을 조금만 바꾸면 맑고 푸른 서울을 만들어가는 길이 한층 더 가까워집니다.

2009년 6월 1일

환경 영화 「홈」의 한국어판 내레이터가 되다

뒤늦게 영화 데뷔 작품이 생겼습니다. 전 세계 70개국에서 동시 개봉되는 영화 「홈Home」의 한국어판 내레이터로 참여하게 된 것입니다.

더빙을 위해 마이크 앞에 서보기는 10년 만이었습니다. 변호사 시절 「그것이 알고 싶다」의 MC를 맡은 적이 있었죠. 그렇지만 오랜만에 그것도 텔레비전과

는 전혀 다른 영화 더빙을 위해 마이크 앞에 서게 되니 느낌이 아주 다르더군요. 아무튼 개인적으로는 재미있고 의미 있는 작업이었습니다.

영화 「홈」은 환경 영화입니다. 하늘에서 바라본 지구의 상처와 아름다움을 함께 보여주면서 지구는 66억 인류와 동식물 그리고 미래의 자손 모두가 함께 사는 '집'이라는 메시지를 전하고 있습니다. 6월 5일 세계 환경의 날을 맞아 전 세계에 동시 개봉됩니다. 우리나라에서는 CGV, SBS TV, 온라인과 DVD를 통해 만날 수 있다고 합니다.

사진작가 얀 아르튀스-베르트랑이 메가폰을 잡았습니다. 제작은 영화감독 뤽 베송이 맡았습니다. 특히 얀 감독은 전 세계에서 300만 부 이상 판매된 항공 촬영집 『하늘에서 본 지구』로 잘 알려져 있습니다. 그는 '신의 눈'을 가졌다는 찬사를 받고 있습니다. 그에게 「홈」은 감독 데뷔작입니다. 그는 이 영화를 위해 54개국을 217일간 돌면서 100퍼센트 항공 촬영만으로 영화를 만들었다고 합니다.

저는 더빙 덕분에 우리나라에서는 그 누구보다 먼저 「홈」을 감상한 관객이 됐습니다. 첫 장면부터 정신없이 몰입되더군요. 아이맥스 영화를 보는 것 같은 웅장한 스케일과 지구 환경에 대한 문제의식 가득한 시선은 화면에서 눈을 뗄 수 없게 만들었습니다. 사람들이 얀 감독에 대해 '신의 눈'을 가졌다고 하는 이유를 알 것 같더군요.

프랑스 최고의 음악가라는 아르망 아마르의 음악은 또 어찌나 인상적인지. 이 글을 쓰고 있는 지금도 귓가에 테마 음악이 맴돌고 있습니다.

처음 내레이션 제안을 받고 그 자리에서 바로 수락했습니다. 무엇보다 환경 문제의 중요성을 문화적 감성으로 환기하는 취지가 마음에 들었습니다. 게다가 70개국에서 동시 개봉되는 얀 감독의 작품에 참여할 수 있다니 저로서는 오히려 영광이었죠.

나중에 들어보니 제작사 측에서는 개봉 국가별 언어 더빙 작업에 환경에 관심 있는 저명인사가 참여하기를 희망했다고 합니다. 환경에 관심 있고 열심히 활동하는 명망가들이 한두 분이 아닌데 제게 그 기회가 돌아와 송구스럽기도 합니다.

더빙하는 내내 변호사 시절 환경운동 단체에서 일했던 시간이 유독 생각났습니다. 그래서인지 배급사 관계자 및 오디오 감독과 함께 내레이션 톤 조절을 회의할 때 찍은 사진을 보니 제 표정이 너무 진지합니다. 더빙할 때는 몰랐는데 내심 긴장했나 봅니다.

하지만 진지하고 긴장한 건 잠시 오디오 감독의 큐 사인이 들어오면서부터는 정신 차리고 내레이션을 했습니다. 영상이 워낙 훌륭하기 때문에 내레이션은 최소한으로 그러면서도 영상미를 가장 효과적으로 끌어올리는 데 역점을 두었습니다.

NG는 거의 없었습니다. 간혹 나긴 났는데 감독님이 내린 NG보다 제 스스로 NG를 낸 경우가 더 많았던 것 같습니다. 더 잘하고 싶은 마음에 "다시 할게요."를 몇 번씩 반복했던 것 같은데, 그때마다 젊은 오디오 감독이 잘한다고 어찌나 치켜세우던지요. 아마추어 내레이터인 제가 행여 기죽을까 봐 그랬다는 걸 뻔히 알았지만 목소리를 편안하게 내는 데는 큰 도움이 됐습니다. 덕분에 더빙을 즐거운 마음으로 마칠 수 있었습니다.

이렇게 해서 제 목소리가 입혀진 영화 「홈」은 영화관, TV, DVD, 인터넷을 통해 동시에 공개됩니다. 영화를 모든 매체에 동시에 공개한다는 것은 전례가 없는 일인 데다 특히 영화와 DVD는 크게 할인해서 보다 많은 분들이 볼 수 있도록 할 계획이라고 합니다. 이러한 배급 방식은 얀 감독과 뤽 베송 감독이 제작 단계에서부터 뜻을 모았다니 참 대단합니다.

그들이 뜻을 모은 이유는 지구 환경을 파괴하는 대량 소비자들이 이 영화를 보고 생활양식을 바꾸기를 희망하기 때문이라고 합니다. 그들의 좋은 취지가 꼭 빛을 발할 수 있었으면 좋겠습니다.

저도 그 뜻에 힘을 보태기로 했습니다. 내레이션 출연료가 500만 원가량 되는데 이를 '탄소 상쇄 기금'에 기부하려고 합니다. 탄소 상쇄 기금이란 서울에서 열리는 '세계 도시 기후 정상 회의(C40)' 참가자들이 전 세계에서 발생하는 탄소를 상쇄하기 위해 자발적으로 내는 기금입니다. 이 기부금은 한중 문화

청소년 협회라는 시민 단체를 통해 '사막화 및 황사 방지를 위한 내몽고 지역 조림 사업'에 활용될 것입니다.

저의 출연료로 약 2만 제곱미터의 조림이 가능하다고 합니다. 비록 작은 정성이지만 우리 지구의 기후 변화 대응에 부디 도움이 됐으면 합니다.

영화 「홈」은 우리에게 말합니다. 지구가 얼마나 아름다운지 보라고 말입니다. 아름다운 지구를 우리가 얼마나 파괴하고 있는지도 보라고 합니다. 그리

고 무엇보다도 우리가 지켜낼 수 있는 모든 경이로움을 진지하게 살펴보라고
말합니다. 아무쪼록 많은 분들이 보고 느끼시기를 바랍니다.

2009년 5월 18일

06

서울의
미래에
미치다

기후 변화 선도 도시 서울

∷

무슨 일이나 처음 하면 떨리고 긴장되게 마련입니다. 2007년 5월 저도 그런 일을 경험했습니다. 세계 51개 도시의 시장들과 대표들의 모임인 C40(기후 리더십 그룹) 뉴욕 회의. 그곳은 제가 외교 무대에 처음으로 데뷔하는 장소였습니다.

세계 대도시 시장들, 지구를 위해 모이다

C40은 기후 변화에 공동 대응하기 위해 조직된 세계 대도시 시장들의 모임입니다. 취지는 지구 면적의 2퍼센트인 도시들이 지구 온난화 주범인 온실가스를 80퍼센트 이상 배출하고 있으니 대도시 시장들이 먼저 책임을 지고 그 대안을 찾아보자는 것입니다.

2005년 1차 정상 회의는 런던에서 열렸습니다. 그때는 서울이 기후 리더십 그룹에 가입을 하지 않은 상태였습니다. 제가 시장에 취임한 후에 비로소 가입했으니 서울시로서는 뉴욕 회의가 첫 모임 참석이었습니다.

저는 그때 3차 회의를 서울에서 개최해야겠다고 마음먹고 있었습니다. 물론 뉴욕 회의가 열리기 전부터 3차 C40 개최 도시로 도쿄가 내정됐다는 소문은 들었죠. 하지만 저는 그에 신경 쓰지 않기로 했습니다.

1차는 런던에서, 2차는 뉴욕에서 열린 만큼 3차는 아시아에서 열려야 한다는 게 당시의 분위기였습니다. 또 아시아에서 기후 변화 회의를 열 만한 도시는 도쿄밖에 없지 않느냐는 말도 오갔습니다.

런던·뉴욕·도쿄 등은 모두 운영 위원 도시입니다. 3차 회의를 아시아에서 개최하자는 협의가 이미 된 상태인지라 운영 위원 도시인 도쿄가 관심을 받을 수밖에요. 만일 도쿄가 회의를 개최한다면 서울로서는 기후 변화 선도 도시란 브랜드를 도쿄에 뺏기는 셈입니다. 그럴 수는 없었습니다.

첫 외교 무대치고는 성패가 확연히 갈리는 사안이라 부담이 되긴 했습니다. 하지만 성공만 하면 서울이 기후 변화 선도 도시로서 브랜드 이미지를 가질 수 있습니다.

저는 뉴욕으로 떠나기 전 기후 리더십 그룹에 속한 시장 모두에게 편지를 보냈습니다. 서울이 3차 C40 유치를 할 수 있도록 도와달라고 한 거죠. 그리고 뉴욕행 비행기에 몸을 실으며 두툼한 서류 뭉치를 지참했습니다. 뉴욕 회의에 참석하는 51개 도시 대표들의 명단과 사진 그리고 프로필 서류였습니다.

저는 비행기 안에서 자료를 보면서 각 도시 시장의 이름, 사진, 주요 경력 등을 숙지했습니다. 시장들을 만나 서울 유치 지지를 부탁하기 전에 미리 대비하는 것이었죠.

뉴욕에 도착했습니다. 제게는 단 3일간의 시간밖에 없었습니다. 대규모 국제 회의에서는 식사 때가 되면 참석자 전원이 한자리에 모입니다. 또 행사를 위해 이동할 때는 버스에 함께 타고 가고 또 각종 리셉션에도 함께 참석합니다. 그때가 제겐 기회였습니다.

저는 마주치는 모든 시장마다 일일이 이름을 부르며 친근감을 표시하고 그 시의 속사정에 대해 이야기를 건넸습니다. 그렇게 첫날부터 시장들을 찾아다니며 이름을 부르고 아는 체를 하자 다들 놀라는 눈치였습니다.

하루가 지나자 저와 서울에 대한 소문이 51개 도시 대표들 사이에 급속히 퍼졌습니다. 흐뭇했습니다. 일단 기선 제압은 성공한 셈이었습니다. 국제회의 관례상 개최지 선정은 회원 도시들의 투표로 결정되는데 지금 이 분위기라면 해 볼 만하다고 생각했습니다.

그런데 어떤 불안감이 줄곧 마음에서 떠나지 않았습니다. 부지런히 뛰어다 니는 저와 달리 차기 개최지로 유력하게 거론이 되던 도쿄 측의 움직임이 너무 나 느긋했기 때문입니다.

이튿날이 되자 C40 사무국에서 연락이 왔습니다.

"3차 회의 개최지는 투표로 선정하지 않을 수도 있다. 개최지 선정을 꼭 투 표로 해야 한다는 정관은 없다."

말하자면 추첨을 통해서도 결정할 수 있다는 것이었습니다. 갑자기 추첨이 라니. 저는 머릿속이 복잡했습니다. 국제 사회에서의 파워는 그만큼 중요한 것 이었습니다.

가장 터프한 정치인이 되다

방법을 찾아보다가 결국 이시하라 도쿄 지사와 담판을 짓기로 했습니다. 만나자는 연락을 했죠. 어렵게 20분이란 시간을 예정하고 만 난 자리에서 저는 여러 안을 내놓으며 그를 설득하기 시작했습니다.

"일본은 교토 선언을 통해 이미 환경 분야에서 세계적인 브랜드를 선점한 상 태이지 않습니까? 이번 C40 3차 대회 개최는 서울에 양보하시죠. 아시아에서 일본이 독보적인 환경 선도 도시 이미지를 갖는 것보다 서울과 파트너가 돼 함께 손을 잡으면 서로에게 도움이 되지 않겠습니까?"

이시하라 지사는 묵묵부답 듣고만 있었습니다. 당시 이시하라 지사의 목표는 올림픽 유치이고 C40 회의는 그 전초전 성격을 띤 것이라는 말이 흘러나올 때였습니다.

저는 설득의 방향을 바꾸었습니다.

"이시하라 지사께서 국제 무대에서 원하는 역할이 있음을 잘 알고 있습니다. 이번에 도쿄가 서울에게 양보한다면 앞으로 서울은 국제 무대에서 도쿄를 적극 지지하고 후원할 것입니다. 도쿄 입장에서도 훨씬 도움이 되지 않겠습니까?"

마침내 이시하라 지사가 입을 열었습니다.

"양보는 못합니다. 저희가 3차 회의를 개최하겠습니다."

그러면서 제게 이런 말을 덧붙이더군요.

"You are the toughest politician I've ever seen!"

당신처럼 터프한 정치인은 처음 봤다 정도의 의미겠죠.

생각해보니 이시하라 지사에게는 제가 아들 연배쯤 될 듯합니다. 게다가 뒤늦게 C40에 가입한 서울이 회의 개최를 두고 운영 도시인 도쿄와 담판을 짓자고 하니 당황스럽긴 했을 것입니다.

저는 그대로 포기할 수 없어 다시 한 번 설득했습니다.

"추첨하면 확률은 어차피 50퍼센트입니다. 하지만 도와주신다면 도쿄가 100퍼센트 양보한 걸로 생각하겠습니다. 숙소로 돌아가 다시 한 번 생각해보십시오. 지금 아시아에서 도쿄와 서울 그리고 베이징의 경쟁이 치열한데 이번 일은 서울과 도쿄 사이의 우의를 다지는 기회가 될 수 있습니다. 오늘 저녁까지 연락 바랍니다."

하지만 이시하라 지사 역시 끝까지 양보하지 않았습니다. 추첨까지 가자고 답하더군요.

결국 이튿날 추첨으로 3차 회의 개최 도시를 정하게 됐습니다. 추첨은 모자 속에 서울과 도쿄가 적힌 종이를 넣고 로테르담 시장이 그중 하나를 뽑는 방식으로 진행됐습니다. 그동안 들인 정성이 물거품이 될 수 있어 정말 긴장됐습니다.

잠시 후 로테르담 시장이 모자 속에서 종이 하나를 뽑아 도시 이름을 호명했습니다.

"서울!"

그 순간을 지금도 잊을 수 없습니다. 감격스러웠던 건 '서울'이라고 외치는 순간 객석의 반응이었습니다.

"와~!"

그곳에 모인 시장단과 대표단이 일제히 환호와 박수로 격려해주었습니다. 마치 자기 도시가 호명된 것처럼 말입니다. 지난 3일간 만찬장과 리셉션 장을 뛰어다니며 로비를 한 보람이 있었습니다.

우여곡절 끝에 유치한 3차 C40 서울 회의가 드디어 오늘 개최됐습니다. 보도를 통해 클린턴 전 미국 대통령의 방한 소식을 접한 분들이 많을 테지만 그

C40 서울 정상회의에서 개회사를 하고 있다.

가 서울에 오기까지는 이처럼 숨 막히는 과정이 있었습니다.

　그동안 저는 서울 브랜드 이미지의 중요성을 강조해왔습니다. 그러자면 국제사회가 관심을 두는 주제에서 브랜드 이미지를 선점해야 합니다. 현재 국제사회가 가장 관심을 집중하고 있는 주제는 바로 '환경' 그중에서도 '기후 변화'입니다. 따라서 C40 회의 개최야말로 서울이 저탄소 녹색 성장의 선도 도시로

C40 참석차 서울에 온 빌 클린턴 전 미국 대통령

서 브랜드 이미지를 선점할 수 있는 절호의 기회입니다.

　이번 C40 정상 회의를 끝내며 대도시 시장들은 '서울 선언'을 채택할 예정입니다. 이를 통해 서울은 기후 변화에 적극적으로 대응하는 선도적 도시로 거듭날 것입니다.

2009년 5월 18일

워너비 서울을 위한
친한파 양성 프로젝트

● ●
● ●

지금 서울시에는 특별한 외국 유학생들이 있습니다. 바로 외국의 현직 공무원들입니다. 그들은 서울시에서 진행하고 있는 도시 행정 관련 교육 훈련 프로그램에 참여하고 있습니다. 이 프로그램은 개발도상국 자매 도시 공무원들을 대상으로 하는 것입니다.

단기 연수 프로그램에 참가한 이들은 37개국 64개 도시 출신 공무원들로서 주로 고위직들입니다. 석사 과정에 참가한 이들은 그보다 낮은 직위의 젊고 유능한 공무원들입니다. 31개국 37개 도시에서 왔습니다.

외국 공무원을 초대합니다

서울시에서 외국 공무원들을 초청해 교육하는 이유가 궁금하실 겁니다.

서울 시정에서 가장 중요하게 생각하는 것은 서울시민의 삶의 질 향상과 서울의 경쟁력 강화입니다. 이 중 서울의 경쟁력을 강화하기 위해서는 서울을 우호적으로 생각하는 국제적 지원군을 확보하는 게 많은 도움이 됩니다. 그래서 개발도상국의 차세대 오피니언 리더들에게 우호의 손길을 내밀게 된 것이죠.

각국 공무원에게 도시 행정과 도시 개발에 대한 서울시의 경험과 지식을 나누어주면 서울시의 선진 행정을 홍보함과 동시에 친한파 인사들을 대거 양성할 수 있지 않겠습니까? 그야말로 일석이조의 효과를 거두게 되는 거죠.

프로그램을 구체적으로 실현하기 위해 서울시에서는 만반의 준비를 했습니다. 드디어 2007년 10월 베트남 하노이 시 공무원을 대상으로 약 2주에 걸친

시범 교육을 실시했습니다. 결과는 기대 이상으로 좋았습니다. 그래서 대상을 더욱 확대했습니다.

베트남·인도네시아·중국·태국 등 아시아 지역부터 브라질·멕시코·페루 등의 미주 지역, 터키·폴란드·헝가리 등의 유럽 지역, 이라크 등 중동 지역, 나이지리아·세네갈·탄자니아 등의 아프리카 지역에까지 이르니 그야말로 전 세계를 망라한 셈입니다.

지금까지 120명이 넘는 외국 공무원들이 서울시 인재개발원의 단기 연수 과정을 마치고 본국으로 돌아갔습니다. 또 고려대학교에 위탁한 장기 과정에서는 1기 교육생 19명이 석사 과정을 수료해 본국에서 논문을 쓰고 있는 중입니다. 뒤를 이어 현재 2기 교육생 17명이 열심히 공부하고 있습니다.

전 세계에 울려 퍼지는 '우리도 서울처럼'

교육생들의 반응은 아주 뜨겁습니다. 장기 교육을 마치고 본국으로 돌아가는 학생들은 한결같이 기간이 짧다며 아쉬움을 토로했습니다. 더 머물며 배우고 싶다는 말이었습니다. 그들은 13개월 동안 서울에 머물며 서울의 도시 행정과 한국 문화를 보고 듣고 체험하면서 한국에 대한 고마움과 애정까지도 함께 키웠던 것입니다.

처음 이 프로그램을 시작하면서 제대로 정착되면 가장 미래 지향적이고 효과적인 도시 마케팅 전략이 되지 않을까 기대했습니다.

실제 그들은 단순한 유학생이 아닙니다. 자신들 나라에서 오피니언 리더로

도시 행정 관련 교육 프로그램에 참여한 외국의 현직 공무원들.

성장할 인재들입니다. 따라서 그 나라 정책을 담당하게 될 공무원들로 하여금 서울을 선진 도시로서 인식하게 하는 건 도시 마케팅 차원에서 아주 효과적인 투자가 아닐 수 없습니다. 그들이 좋은 인상을 간직한 채 본국으로 돌아가 서울의 문화·기술·정책 시스템 등을 전파할 것이기 때문입니다. 그들에게는 '우리도 서울처럼'이라는 인식이 정책 결정의 한 기준이 되는 것이죠.

가장 뜻있게 생각하는 점은 이러한 교육 과정이 국제적으로 친한파를 양성하는 역할을 한다는 겁니다. 그들은 자국에서 정책을 결정하거나 큰 영향력을 행사할 사람들입니다. 따라서 그들이 한국과 서울에 우호적 인식을 가지게 된다면 도시 마케팅 측면에서 얼마나 효과적인 투자가 되겠습니까? 치열한 글로벌 경쟁을 생각하면 아주 괜찮은 투자라 할 수 있지 않을까요?

석사 과정 프로그램을 운영하는 고려대 임혁백 교수가 말했습니다.

"이제 밖으로 나가는 세계화보다는 안으로 불러들이는 세계화가 필요할 때다."

그동안 우리는 사람을 선진국으로 보내 인재를 양성하는 '밖으로 나가는 세계화'를 지향했습니다. 하지만 이제는 개발도상국 인재들을 우리나라로 불러들여 교육시킴으로써 우리의 선진 행정과 문화를 자연스레 알리는 '안으로 불러들이는 세계화'를 구현하고 있습니다.

단기 연수가 됐든 장기 석사 과정이 됐든 서울시에서 제공하는 교육을 받은 외국 공무원들은 한결같이 "돌아가면 서울의 지하철 시스템을 벤치마킹하겠다."거나 "한국의 전자 정부 시스템을 벤치마킹하겠다."는 식으로 자신들의 포부를 밝힙니다.

한류를 통해 한국의 대중문화가 세계의 관심을 끌었듯 개발도상국 공무원들이 '우리도 서울처럼'을 외치면 서울의 도시 행정이 세계의 주목을 끌지 않을까요?

2009년 12월 29일

미래 성장 동력
태양 에너지를 잡아라

「태양을 피하는 방법」이라는 노래가 있었죠. 가수 비의 노래로 기억합니다.

이번 주 저는 노래와 정반대로 '태양을 맞이하는 방법'에 대해 생각할 기회가 있었습니다. 지난주 건국대학교에 신재생 에너지 분야에서 세계 최고라 불리는 '프라운호퍼 서울 연구소'를 개소한 덕분입니다. 이곳에서 중점적으로 연구하는 건 태양 에너지입니다.

세계 최고의 친환경 에너지 연구소인 프라운호퍼 연구소는 세계에 3곳뿐입니다. 독일 본원과 미국 MIT에 있는 연구소 그리고 건국대학교 내 연구소 이렇게 세 군데죠. 다시 말해 세계 최고의 신재생 에너지 연구소를 서울시가 세계에서 두 번째이자 아시아에서는 최초로 유치하는 데 성공한 것입니다. 그만큼 태양 에너지 연구에 유리한 위치를 선점했다는 의미입니다.

태양을 맞이하는 방법

태양 에너지가 왜 중요한가 하면 바로 미래의 성장 동력이기 때문입니다. 특히 프라운호퍼 서울 연구소에서 중점적으로 연구하게 될 대상은 차세대 태양 전지입니다. 현재는 실리콘 태양 전지가 주로 사용되고 있지만 앞으로는 복합 나노나 플렉시블 태양 전지 같은 차세대 태양 전지 시대가 올 겁니다. 이러한 차세대 태양 전지는 효율도 높고 다양하게 활용되기 때문에 실용 가치가 엄청나다고 합니다.

프라운호퍼 연구소 베버 소장님의 말을 빌리자면 차세대 태양 전지의 영향력은 현재의 시장 기준 수치로 평가하는 게 불가능할 만큼 무한하답니다. 그러니까 우리는 지금까지와는 다른 새로운 시장을 개척하고 있는 셈입니다.

특히 태양광은 반도체 산업과 유사한 점이 많아서 반도체로 성장한 우리에겐 아주 유리한 분야입니다. 태양광 발전 시장은 반도체보다 더 큰 연간 2,000억 달러 규모로 성장한다는 전망도 있습니다.

이번 연구소 개소를 시작으로 서울이 태양 전지 원천 기술을 확보하고 기업들이 반도체 대량 생산 노하우를 태양 전지 상용화에 적용한다면 우리가 차세대 에너지 전쟁의 승자가 되는 건 시간문제입니다.

세계 최고 프라운호퍼 연구소를 유치하다

태양만큼 밝은 미래에 대한 기대 덕분인지 연구소 개소식 내내 웃음이 떠나질 않았습니다. 제가 태양 에너지에 빠지게 된 건 취임 후 처음 나섰던 해외 순방길부터였습니다. 2007년 1월로 기억합니다. 당시 저는 선진 도시 벤치마킹을 위해 런던·두바이·밀라노에 이어 독일의 친환경 도시인 프라이부르크를 방문했습니다.

프라이부르크는 인구 30만 명 정도의 조그만 도시지만 친환경 신재생 에너지 분야의 선도 도시로 세계적으로 유명한 곳입니다. 건물 옥상 곳곳에 태양 전지판이 빛나고 연간 에너지 사용량의 3퍼센트를 태양에서 얻고 있습니다. 당시 프라이부르크의 주택들이 대부분 에너지 자급자족까지 하고 있다 해서 무척 인상적이었습니다. 그 배경에는 세계 최고의 신재생 에너지 연구소인 프라운호퍼가 있다는 사실도 알게 됐죠.

서울은 프라운호퍼 서울 연구소 개소를 통해 태양 에너지 연구에 유리한 위치를 선점했다.

물론 프라이부르크를 방문하기 전부터 태양 에너지에 관심이 많았습니다. 서울의 하수 처리장 부지를 활용해 태양광 발전소 건립을 추진했고 공공 기관 내에서의 태양 에너지 활용을 도모하기도 했습니다. 하지만 프라운호퍼 연구소의 베버 소장을 만나면서 그동안 가지고 있던 태양 에너지에 관한 계획을 보다 구체적으로 정리할 수 있었습니다.

현재 선진 도시들은 바이오 에너지, 태양열, 지열, 풍력, 폐열 등 이용 가능한 모든 에너지를 확보하기 위해 피나는 노력을 기울이고 있습니다. 하지만 우리는 신재생 에너지를 연구할 수 있는 토대 자체가 매우 빈약한 상황입니다.

저는 귀국하자마자 신재생 에너지를 연구할 수 있는 시스템을 마련하라고 지시했습니다. 그리고 프라운호퍼 연구소장을 서울로 초청했습니다. 그때가 2008년 1월이니 벌써 1년 반 전입니다. 당시 베버 소장과 관계자가 서울을 방문했는데 두 번의 면담을 통해 태양 에너지 연구소를 서울에 유치하기로 합의했습니다. 지금 생각하면 참 아슬아슬한 순간이 있었습니다.

당시 프라운호퍼 연구소는 아시아로 진출하기 위해 이미 싱가포르와 상하이 연구소 설립을 추진 중이었습니다. 중국이나 싱가포르에 연구소를 빼앗기면 우리의 신재생 에너지 관련 기술을 업그레이드할 기회가 사라질 수도 있었던 것입니다.

당시의 성공적인 면담 덕분에 일은 일사천리로 진행됐습니다. 2008년 5월 9일에 프라운호퍼 연구소와 양해각서MOU를 체결해 월드컵 공원에 세워지는 '에너지 제로 하우스'와 서울시 신청사의 신재생 에너지 설계 컨설팅을 받게 됐습니다. 그리고 이번에 세계에서 두 번째이자 아시아에서는 첫 번째로 건국대학교 내 프라운호퍼 태양 에너지 연구소를 개소하게 됐습니다.

미래 에너지. 당장은 가슴에 와닿지 않는 주제일 겁니다. 하지만 오래전에 우리가 반도체에 투자해 지금 그것으로 먹고살듯이 지금 태양 에너지에 대한 투자는 수십 년 후 우리를 먹여 살릴 큰 수익원이 될 것입니다.

프라운호퍼 연구소와 건국대학교의 공동 연구로 차세대 태양 전지를 개발하고 그것을 기업들이 상용화한다면 우리에게 엄청난 결실을 안겨주지 않을까 기대가 큽니다. 그리고 먼 훗날, 지금 제가 내린 결단이 서울의 미래를 바꾸는 신호탄이었다는 평가를 받는다면 그것만큼 보람 있는 일이 있을까 싶습니다.

2009년 5월 14일

서울에
지하도시가 생긴다면

∷

지하도시라 하면 왠지 SF 영화가 생각납니다. 영화 속 지하도시는 위기에 처한 주인공이 재기를 모색하는 공간이기도 하고 외계인들이 활보하는 공간이기도 했습니다. 그래서일까요? 지하도시라는 단어에서 어둡고 침울한 이미지를 느낄 분이 많을 겁니다. 저도 그랬으니까요.

언더그라운드 시티에서 얻은 영감

그런데 캐나다 몬트리올의 '언더그라운드 시티'를 방문하면서 생각이 완전히 바뀌었답니다. 단순한 지하 쇼핑몰 정도로 생각하면 안 됩니다. 총 면적이 12제곱킬로미터 그러니까 여의도 면적의 1.5배 정도이고 총 연장 32킬로미터에 달합니다. 1960년대 초에 건설됐다고 합니다. 57차례의 공사를 거쳐 지금에 이르렀다고 하는군요.

이곳에는 1,700개의 회사, 45개의 은행 지점, 7개의 호텔, 2개의 대학, 2개의 백화점을 비롯해 1,600개의 상점, 200개의 레스토랑, 34개의 영화관이 있습니다. 또한 120개나 되는 외부 통로가 다양한 건물로 연결되기 때문에 굳이 지하도시 밖으로 나가지 않아도 어지간한 일은 안에서 다 처리할 수 있다고 합니다. 자동차가 다니는 도로를 빼면 없는 게 없는 세계에서 가장 큰 지하도시입니다. 현재 이러한 지하도시가 있는 나라는 미국·일본·핀란드·홍콩 등 10여 개국에 달하지만 규모와 시설 면에서 몬트리올의 언더그라운드 시티를 능가할 곳은 없다고들 합니다.

몬트리올 언더그라운드 시티

이제는 입체 도시다

　　　　몬트리올의 겨울은 매우 춥습니다. 영하 30도를 밑돌 때
가 많죠. 그래서 지하도시가 발달하게 됐다고 합니다. 겨울에는 매일 50만 명
이상의 사람들이 이 지하도시를 이용한다고 들었습니다. 몬트리올이 광역시까
지 합쳐도 인구 350만 명에 불과한 점을 감안하면 굉장한 수치입니다.

　무엇보다 제 눈길을 사로잡은 것은 채광 시설이었습니다. 지하도시라고 하
면 햇볕 한 줌 들어오지 않는 곳에서 어떻게 지내나 싶었는데 현대 테크놀로지
는 그런 우려마저 잠재웁니다. 훌륭한 채광 시설은 지하도시의 가능성과 희망
을 보여주는 듯했습니다.

　서울시는 지금 지하도시에 대한 구상을 시작하는 단계에 있습니다. 세계 도
시들이 그러하듯 서울 역시 도시 계획의 범위를 지상에서 지하로 넓혀 도시를
입체적으로 활용해야 할 시기이기 때문입니다.

　지하도시 계획을 제대로 세우면 지상은 보행 공간과 녹지 공간으로 활용할
수 있습니다. 즉 다층 구조의 입체적인 도시 활용이 가능해짐으로써 더 쾌적하
고 편리한 도시로 발전되는 것이죠. 아직 아이디어 차원입니다. 자세한 계획을
세우기까지는 많은 논의를 거쳐야 할 겁니다.

　이번 몬트리올 언더그라운드 시티 방문은 뜻있는 시간이었습니다. 서울도
이제는 지하도시에 대해 본격적으로 관심을 가져야 할 때라는 걸 깨닫게 됐으
니 말입니다.

2009년 9월 21일

다니엘 핑크를
만나다

● ●
● ●

책을 읽다 보면 '맞아 바로 이거야!' 하는 생각에 무릎을 칠 때가 있습니다. 세계적인 석학이자 미래학자인 다니엘 핑크Daniel Pink가 쓴 『새로운 미래가 온다A Whole New Mind』가 그랬습니다. 저 역시 새로운 서울을 만들기 위해 고심하던 참이었습니다. 그 책을 읽고 나니 평소 제 머릿속에 오가던 생각들이 깔끔하게 정리된 느낌이었습니다. 그래서 저도 모르게 흥분했던 것이죠.

다니엘 핑크는 전 미국 부통령 앨 고어의 수석 대변인이기도 했습니다. 한번쯤 꼭 만나고 싶었는데 마침 그가 어제까지 서울에서 열린 '서울 글로벌 포럼'의 연사로 이번에 서울을 방문했습니다. 직접 그를 보니 마치 오랜 동지를 만난 듯 반가웠습니다.

다가올 시대에는 새로운 능력이 필요하다

먼저 저는 그에게 서울의 첫인상에 대해 물어보았습니다.

"미국 입장에서 한국이 지난 50년 동안 이루어낸 엄청난 발전을 보면 앞으로 한국을 주시하고 조심해야겠다는 생각이 듭니다. 문제는 지난 50년 동안 성공의 기반이던 능력들이 다음 세대에도 역시 성공을 이끌어낼 능력인가 하는 것입니다. 다가올 시대에는 새로운 능력이 필요하다고 생각합니다."

날카로운 지적이 아닐 수 없었습니다.

미래 사회에 도시와 국가가 발전하기 위해 가장 필요한 것은 새로운 능력을 가진 인재와 리더를 확보하는 일입니다. 그러한 새로운 능력의 바탕은 '창의성'입니다.

서울에 온 다니엘 핑크.

다니엘 핑크는 그러한 창의적 인재를 '우뇌형 인재'라고 표현했습니다. 지금까지는 논리적이고 분석적 사고가 앞서는 '좌뇌형 인재'가 세계를 리드해 왔다면, 현재의 글로벌 위기 상황에서는 좌뇌가 아닌 우뇌를 사용하는 인재가 필요하다는 점을 인식해야 한다고 강조했습니다.

"지금의 세계적 경제 문제는 우뇌를 사용하는 사람들이 아니라 좌뇌를 집중적으로 사용하는 사람들의 잘못이었다고 할 수 있습니다. 좌뇌를 사용하는 사람들이 바로 복잡한 파생상품을 개발해냈고 특정 사회 규범을 어기며 문제를 발생시켰습니다. 단기적으로는 이 위기를 벗어나는 것이 가장 급선무이지만, 이 위기를 벗어났을 때 과거처럼 좌뇌를 중시하는 패러다임을 가진 사회로 돌아가서는 안 됩니다."

모험하기 좋은 도시, 인재들이 모이는 도시

21세기는 인재 전쟁의 시대입니다. 미래는 미래형 인재를 얼마나 확보하느냐에 성패가 달려 있습니다.

그는 자신의 저서에서 미래의 인재상에 대해 제시한 바 있습니다. 그에게 인재를 확보하기 위해 필요한 게 무엇인지 물었습니다.

"우리가 가장 중요하게 생각해야 될 건 인재들은 다른 인재들이 모여 있는 곳에 있고 싶어 한다는 점입니다. 뉴욕이 세계적인 도시가 될 수 있었던 이유는 바로 인재들이 모이기에 편하고 또 모험하기에 좋은 도시라는 점 때문입니다. 그만큼 새로운 인재를 환영하고 새로운 아이디어를 환영한다는 것이죠. 서울도 이런 개방성이 필요합니다."

그의 말이 가슴을 시원하게 만듭니다. 비슷한 생각을 가진 사람과 대화하는 건 언제나 즐겁습니다.

서울에는 글로벌 존이 있다

저는 다니엘 핑크에게 서울시가 그동안 추진한 정책들을 설명했습니다.

위에서부터
● 글로벌 센터
● 외국인을 위한 한국인 강좌

　"무엇보다도 우리 서울을 글로벌 인재들이 찾아오고 투자하고 싶은 도시로 만들어야 합니다. 그런데 안타까운 점이 한 가지 있습니다. 바로 영어 소통의 한계입니다. 이를 해결하기 위해 취임 후 제가 구상한 것이 '글로벌 존' 사업입니다. 서울시 곳곳에 일정한 구역을 정해서 그 구역 내에서는 비즈니스와 주

서울은 불가능이 없는 도시다

거 생활 그리고 관광을 즐기는 데 불편함이 없도록 해주는 것이죠. 서래 마을, 이촌동, 연남동 등 서울 곳곳에 이런 지역이 생겨나고 있습니다. 이와 함께 외국인 임대 주택, 외국어 소통이 가능한 병원, 외국인 학교 등을 지어서 외국인들이 중요하게 생각하는 문화생활이 언제 어디서든 가능하도록 하기 위해 노력하는 중입니다. 서울에 글로벌 인재가 모인다면 조만간 서울이 동북아의 중심 도시가 될 수 있지 않을까요?"

다니엘 핑크는 연신 고개를 끄덕이며 공감을 표했습니다. 그리고 글로벌 도시의 자질로 3가지를 꼽았습니다. 그것은 교육 수준이 높은 노동력, 세계 최고 수준의 IT 인프라, 그리고 변화된 리더십이었습니다.

"새로운 차세대 리더십이 등장하고 있다고 생각합니다. 새로운 세대의 리더들은 이념적이라기보다 실용적인데요. 오 시장님이나 오바마 대통령, 워싱턴의 펜티 시장님을 예로 들 수 있겠습니다. 이분들은 전 세대와는 달리 이념 전쟁을 벌이기보다 문제 해결에 중점을 두는 새로운 리더들입니다."

치열한 글로벌 경쟁에서 살아남기 위해서는 리더들이 먼저 변화해야 합니다. 그 흐름에 뒤처지지 않고 앞서 달리는 리더로 저를 평가해주니 어떤 칭찬보다 고마웠습니다.

위기를 낭비하지 말라

마무리는 역시 현실적 문제에 대한 고민을 나누는 것이었습니다. 글로벌 위기의 진원지인 미국에서 온 만큼 지금의 위기 상황을 극복하기 위해 그가 제시하는 해법이 궁금했습니다.

"위기가 때론 사람들로 하여금 새로이 눈을 뜨게 합니다. 뇌에 자극을 줘서 새로운 시각을 가지게 해주기도 합니다. 미국 대통령께서도 최근에 '위기를 낭비하지 말자. 이것은 우리가 새로운 시각을 가질 수 있는 좋은 기회다.'라고 말씀하신 바 있습니다."

'위기가 기회다.'라는 격언은 만고불변의 진리인 듯합니다. 관건은 모두가 아는 그 진리를 누가 실천하느냐의 문제겠죠. 힘들수록 미래를 준비해야 합니다. 다니엘 핑크와의 만남은 바로 그러한 믿음에 확신을 더한 소중한 시간이었습니다.

2009년 3월 12일

07

서울시
공무원의
변화에 미치다

상상하면
현실이 되는 도시

● ●
● ●

지금 생각해도 가슴 한구석이 뜨거워지는 이름이 있습니다. 바로 '100일 창의 서울 추진본부'입니다.

취임 후 처음 한 결재, 100일 창의 서울 추진본부

추진본부의 설립 승인은 2006년 7월 1일 시장에 취임한 후 제가 처음으로 한 결재이기도 합니다. 그것은 민선 4기 4년의 핵심인 '창의 시정'의 태동을 알리는 신호였습니다.

저는 시장에 당선된 뒤 취임을 앞둔 시점에서 제가 만들고 싶은 서울시의 모습을 머릿속에 그려봤습니다. 제가 일반 시민의 입장이었을 때 서울시 어떤 부분에 불만이었는지 따져봤습니다. 시민의 편의보다 공무원의 행정 편의를 중시하는 조직, 친절과 청렴보다 복지부동과 철밥통의 이미지가 먼저 떠올랐습니다. 이러한 현실을 바꾸어놓아야 서울시장으로서 퇴임할 때 후회가 없을 거라 생각했습니다.

어떻게 해야 이러한 문제를 해결할 수 있을까요? 제가 생각한 건 바로 '창의'였습니다. 공무원이 아닌 시민 입장에서 지금보다 더 나은 서비스를 제공하려고 고민하는 조직 문화. 그것이 제가 생각하는 창의 시정이었습니다.

하지만 당시만 해도 창의와 공무원의 만남은 낯설기 짝이 없었습니다. 삼성의 이건희 회장이 '창의 경영'의 기치를 내건 게 2007년 초입니다. 그런데 그보다 반년이나 앞서 민간도 아닌 공공 조직에서 창의를 도입한다고 나서니 다들 감을 잡지 못한 것이었죠.

그래서 고민 끝에 '100일 창의 서울 추진본부(창본)'를 설립했습니다. 그리고 공무원뿐 아니라 이미 창의에 익숙한 민간 기업의 CEO, 컨설팅 대표, 전공 교수 등 다양한 분야의 전문가들을 여기에 참여시켰습니다. 이들이 주축이 돼 민선 4기 창의 시정을 실현할 시스템을 만들고 정책을 구체화하는 작업을 했습니다.

특히 창본의 본부장은 공무원과 민간 전문가가 공동으로 맡게 했습니다. 줄탁동기啐啄同機라는 말이 있죠. 병아리가 알을 깨고 나오려 껍질을 쪼아댈 때 어미 닭이 그 소리를 듣고 밖에서 같은 곳을 쪼아주면 쉽게 껍질을 깨고 나온다는 의미입니다. 그것처럼 공무원 스스로의 노력과 외부의 자극이 합쳐진다면 창의 시정에 시너지 효과가 생기리라 기대한 것이었습니다.

시간이 많지 않았습니다. 딱 100일을 정하고 정신없이 뛰었습니다. 당시 창본의 표어는 '하루를 1년같이'였습니다. 휴일은 모두 반납했고 습관처럼 밤샘 회의를 했습니다. 또 입에서 단내가 날 때까지 토론에 토론을 거듭했습니다. 외부에서 초빙해온 전문가들 역시 자문을 하는 수준이 아니라 직원들과 똑같은 강도로 뛰었습니다. 모두 모여 밤낮을 가리지 않고 서울의 미래를 계획하고 추진했던 것입니다. 서울시를 경쟁력 있는 창의 조직으로 재탄생시키겠다는 목표는 그렇게 무르익어갔습니다.

창의 시정이라는 엔진을 달다

100일 동안 창본에서는 서울시 직원들이 업무를 개선하는 아이디어를 자유롭게 개진할 수 있는 인터넷 공간 '상상 뱅크'를 만들었습니다. 또 시민들이 다양한 아이디어를 낼 수 있는 인터넷 공간으로 '천만 상상 오아시스'를 만들었습니다. 공무원과 시민의 아이디어를 이렇게 수렴했습니다. 그리고 창본 내 TF팀을 구성해 아이디어를 정책으로 만들었습니다. 정책은 창의 실행 공동체라고 하는 이른바 수행조가 추진했습니다. 그중 가장 기본이 되는 건 상상 뱅크와 천만 상상 오아시스 같은 아이디어 창구였습니다.

처음에는 다들 아이디어를 개진할 엄두를 내지 못하더군요. 창의 아이디어를 내라고 하니 엄청난 것을 내놓아야 하는 줄 안 것이었죠. 그래서 저는 서울시 전 직원들에게 메일을 보냈습니다.

"무난한 성공보다는 위대한 실패의 가치에 주목하겠습니다. 두려운 것은 실패가 아니라 실패가 두려워 시도조차 하지 않는 것입니다. 아무리 사소한 아이디어라도 그 시도를 높이 사겠습니다."

이런 내용을 담아 메일을 보냈습니다.

100번째 제안을 한 직원과 1,000번째 제안을 한 직원에게 피자를 보내 격려하기도 했습니다. 그리고 그들과 함께 영화를 관람하는 등 관심을 아끼지 않았습니다. 창의 제안 점수에 가산점을 주도록 해 승진에도 반영되도록 조치했습니다. 그런 독려 덕분인지 그 뒤로는 그야말로 아이디어가 분출하기 시작하더군요. 상상 뱅크를 개설한 지 한 달 만에 무려 1만 건의 아이디어가 접

모두 모여 밤낮을 가리지 않고 서울의 미래를
계획하고 추진했다.

수됐습니다.

당시 직원들과 시민들이 제안했던 아이디어들은 지금도 기억에 남아 있습니다. 남산에 인공 달을 만들자, 한강이 보이는 투명한 다리를 놓아달라, 청혼의 벽을 만들자, 신호등 시간을 숫자로 바꾸자 등. 이미 실행이 된 아이디어도 많습니다.

그렇게 해서 100일 만에 총 2만여 건에 달하는 아이디어가 모였고 그중 핵심 아이디어 60건을 선정해 시정 운영의 근간으로 삼았습니다. 또 민선 4기를 이끌어갈 5대 핵심 사업, 15대 중점 과제, 471개 단위 사업을 확정하고 4년간의 구체적인 계획도 이때 수립했습니다. 그야말로 민선 4기 시정의 초석을 쌓는 데 100일 창의 서울 추진본부가 큰 기여를 한 셈입니다.

그로부터 4년 가까이 흐른 지금도 새로운 아이디어를 제안하고 실행하도록 만든 시스템은 가동되고 있습니다. 그동안 제안된 창의 아이디어는 모두 17만 건이 넘었습니다.

엘빈 토플러는 사회 변화에 대응하는 각계각층의 모습을 고속도로를 달리는 자동차 속도에 비유했습니다. 그러면서 민간 기업이 시속 100마일이라면 정부 기관은 25마일에 불과하다고 비판했습니다.

하지만 서울시는 창의 시정이라는 엔진을 달았습니다. 이를 토대로 더 내실을 다지고 민간의 변화 속도로 미래로 달려가는 것이 앞으로의 과제가 아닐까 합니다.

2010년 1월 25일

천만 상상 오아시스 첫 번째 작품 '청혼의 벽'

청계천에는 '청혼의 벽'이 있습니다. 이미 많은 분들이 알고 계십니다. 기억에 남을 청혼 이벤트를 꿈꾸는 젊은이들이 특히 좋아하는 곳입니다.

혹시 이 사실을 알고 계십니까? 청혼의 벽과 같은 로맨틱한 아이디어가 다름 아닌 평범한 한 시민에게서 나왔다는 사실 말입니다.

청혼의 벽은 '천만 상상 오아시스(천상오)'의 첫 번째 작품이었습니다. 아마 버스 광고를 통해 많이들 접하셨을 겁니다. 천만 서울시민의 상상을 담아내는 오아시스 즉 시민들이 직접 정책을 제안하는 인터넷 사이트입니다.

예전에도 시민들이 정책 아이디어를 개진하는 시스템이 없지는 않았습니다. 하지만 아무리 아이디어를 내봤자 답변도 없고 일의 추진도 없다는 불만이 많았습니다. 천상오에는 그런 불만이 없습니다. 단순한 제안 사이트가 아니기 때문입니다. 소통이 가능한 시스템을 갖추고 있습니다.

예를 들면 이렇습니다. 한 시민이 의견을 제시하면 다른 시민들이 그 의견의 실현 가능성에 대해 갑론을박합니다. 당신 생각은 이런 점에서 비현실적이다, 비용이 너무 많이 든다 등의 찬반 의견이 격렬하게 오갑니다. 시민들 사이에서 먼저 소통이 이루어지는 것이죠. 그 과정을 거치면 관련 부서 직원이 개입해 전문적인 코멘트를 답니다. 이제 시민과 서울시 사이에 소통이 이루어지는 것입니다.

여기까지는 온라인상에서 이루어지는 과정입니다. 이것이 끝이 아닙니다. 그다음 과정은 오프라인에서의 소통입니다. 시민들의 제안을 선별해서 두 달에 한 번씩 서울시청에서 아이디어 채택 회의를 하게 됩니다. 이른바 '천만 상상 오아시스 실현 회의'라는 것입니다.

오늘도 그런 회의가 있었습니다. 이 자리에는 아이디어를 직접 낸 시민, 시민 대표, 평가 위원, 서울시의 전 간부 등이 참여합니다. 아이디어 가운데 실제 정책으로 채택할 것을 선별하는 과정이죠. 일종의 타운 미팅 같은 형식인데 정말 재미있습니다. 개중에는 단순하고 다소 비현실적인 아이디어도 있지만 회가 거듭될수록 무릎을 치게 되는 아이디어가 줄을 잇고 있습니다.

앞에서 소개한 청혼의 벽, 신호등 시간을 숫자로 표시하는 것, 광진교 걷고

싶은 다리, 120 다산 콜센터의 청각 언어 장애인을 위한 문자 및 수화 통역 서비스 등이 그 예입니다. 그중 지금까지 정책 완료된 건 36개, 실행 중인 건 31개 등 모두 106개의 정책이 '천만 상상 오아시스 실현 회의'를 거쳐 실현됐거나 돼가고 있습니다.

천상오를 만들겠다고 결심한 건 시장 선거에 출마할 때였습니다. 당시 저는 시민과의 소통을 위해 홈페이지를 운영하고 있었습니다. 그때 게시판에 남겨진 시민들의 의견이 큰 도움이 됐습니다. 그래서 이런 시스템을 더욱 발전시키

천만 상상 오아시스는 UN 공공 행정상 대상을 수상했다.

면 대단한 정책이 나올 수도 있겠다 싶었던 거죠.

저는 취임사를 통해 천만 상상 오아시스에 대한 구상을 이미 밝혔습니다. 말하자면 천상오는 제 임기와 함께 시작된 것이죠. 그래서일까요? 유난히 정이 가는 녀석입니다. 오늘도 그랬지만 천상오 회의가 있을 때면 저도 모르게 가슴이 뜁니다. '천만 시민의 상상을 서울시가 접수하게 돼 정말 다행이다……' 이런 생각 때문입니다.

처음에는 연간 1,700건 정도가 올라왔지만 지금은 1만 건이 넘습니다. 5~6배 이상 늘어난 셈입니다. 누적 아이디어 건수가 벌써 4만 1,000여 건입니다.

최근에는 공공과 시민이 소통하는 행정이 중요해지고 있습니다. 그 덕에 올 6월에는 우리 천상오 시스템이 UN 공공 행정상을 수상하기도 했답니다. 천만 상상 오아시스는 이제 전 세계에서 인정받은 민관 소통 시스템이 된 셈입니다.

상상이 현실이 되는 도시. 천만 상상 오아시스가 꿈꾸는 세상입니다.

2009년 8월 24일

축제처럼 즐거운
시청을 만들자

저는 직원들에게 늘 새로운 아이디어를 고민하라고 독려합니다. 그때마다 저 역시 긴장하게 됩니다. 리더가 솔선수범하지 않으면 조직이 바로 설 수 없기 때문이죠.

시장에 취임한 후 제가 낸 아이디어 중 가장 자랑스러운 것이 있습니다. 바로 '창의 보고회'입니다.

창의 보고회는 한 달에 한 번씩 서울시 간부들과 시민 대표들 앞에서 직원들이 새로운 아이디어로 업무를 개선한 사례를 보고하는 자리입니다. 서로 경쟁해서 상을 타는 일종의 경진 대회와 같습니다. 창의 보고회가 탄생되기까지 우여곡절이 참 많았습니다.

'창의 시정'을 시작하며 새로운 아이디어를 독려하자 직원들이 당장 막막하게 생각하더군요. 시청 앞 술집들만 북적거린다는 말까지 들려왔습니다. 다들 너무 거창하게 생각했던 것입니다.

즐거워야 아이디어가 나온다

그때부터 저는 직원들에게 자신의 업무 과정에서 조그만 것이라도 개선해나가면 그것이 바로 창의 시정이라고 강조하고 또 강조했습니다.

그러던 어느 날 직원들의 창의 제안에 대한 보고를 받다가 문득 한 가지 생각을 떠올렸습니다.

'숙제하듯 아이디어를 쥐어짜는 게 아니라 신이 나서 아이디어를 내놓는 장

을 만들어주면 어떨까? 창의 아이디어 경진 대회 같은 것을 열면? 잘하면 상을 주고 말이야.'

그렇게 탄생한 것이 바로 창의 발표회입니다. 지금 창의 발표회는 대박이 났습니다. 본청의 실국본부가 모여 '고객 감동 창의 발표회'를, 산하 기관들이 모여 '창의 경영 발표회'를, 25개 자치구들이 모여 '창의 행정 추진회의'를 매월 1회씩 하는데 정말 배꼽을 잡습니다.

보통 본선에 올라온 아이디어들은 6개 정도입니다. 예선 경쟁이 11 대 1에 이를 만큼 아이디어가 줄을 잇고 있습니다. 본선에서는 아이디어를 선보이고 바로 평가가 이어지는데 1등상을 타기 위해 엄청난 접전이 벌어집니다. 상을 타면 상금을 타고 승진에 가산점이 주어지니 당연하겠죠. 연기, 노래, 영상, 집단 가무까지. 서울시 직원들은 물론 현장 심사 위원으로 참석하는 시민 대표들도 다들 입이 벌어져서 돌아갑니다.

시민의 삶의 질을 높이는 창의 아이디어

창의 아이디어는 시민의 삶의 질을 높이는 일과 직결됩니다. 예를 들어볼까요?

교통카드 이용 금액을 소득 공제 받을 수 있게 하고, 단돈 천 원으로 세계적인 문화 공연을 관람할 수 있게 하며, 오랜 시간 줄을 서서 기다렸던 여권 발급이 이틀 안에 가능해지도록 하고, 주말 혹은 공휴일에도 365일 지방세를 납부할 수 있게 하며, 신용보증재단에서 대출을 받을 때 필요한 서류를 10종에서 4

종으로 줄이고 보증 처리 기간도 20일에서 4일로 줄였습니다.

모두 창의 발표회를 통해 나온 아이디어들입니다. 이제는 직원들이 너무 많은 아이디어를 내서 감당이 안 된다고 엄살을 떨 정도입니다. 저는 창의 보고가 있는 날이면 기분이 좋습니다. 우리 직원들의 변화를 단적으로 느낄 수 있는 시간이기 때문입니다.

언젠가 심사 위원으로 왔던 경영 컨설턴트 한근태 교수가 이렇게 평을 하더군요.

"제가 강연을 갈 때마다 대한민국은 공무원 숫자를 반으로 줄이면 국가 경쟁력이 4배가 오른다고 말합니다. 오늘 발표회를 보고 앞으로 그런 얘기는 하지 않겠다고 결심했습니다."

현장에서 서울시 공무원들의 변화를 지켜본 전문가뿐 아니라 모든 시민이 인정할 때까지 서울시의 변화는 계속됩니다.

2009년 2월 17일

꿈을 꾸는 자만이
꿈을 이룰 수 있다

이번 주는 내내 칭찬 소리를 듣고 삽니다. 지난 주말에 알려진 소식 덕분입니다. 서울시가 1등을 먹었습니다. 국민권익위원회 청렴도 조사에서 16개 지방자치 단체 중 1등을 한 것입니다. 서울시장이 되고 나서 가장 환하게 웃은 날이 아닌가 싶습니다.

기뻐하는 사람은 저뿐 아니었습니다. 간부들과의 티타임 때 저보다 더 흥분한 목소리들이 이어졌습니다.

"제가 공직 생활만 30년입니다. 그런데 살다 보니 이런 일이 다 있네요."

"이건 사건입니다, 사건. 정말 감격스럽습니다."

청렴도, 꼴등에서 1등하던 날

일반 시민들은 서울시 직원들이 왜 이처럼 감격하는지 잘 모를 겁니다. 신문에도 꼴찌 한 기관만 대서특필됐지 서울시가 1등한 것은 별로 언급되지 않았습니다. 하지만 우리시 직원들끼리는 압니다. 서울시가 청렴도에서 1등한 것에는 파란만장한 스토리들이 숨겨져 있다는 사실을 말이죠.

공공 기관의 청렴도는 2002년부터 국민권익위원회가 조사하고 있습니다. 제가 취임하고 처음 받은 2006년 서울시 성적표는 16개 시·도 중 15위였습니다. 알고 보니 서울시는 청렴도 부분에서 늘 하위권이었습니다.

저는 취임사에서 청렴도에 관해 이미 밝힌 바 있습니다.

"임기 내 서울시의 청렴도를 최고 수준으로 반드시 끌어올릴 것입니다. 그러므로 아무리 작은 부정과 비리도 지위고하를 막론하고 결코 용납하지 않겠습니다."

서울시 청렴도를 최상위권으로 끌어올리겠다고 겁 없이 공언한 건 국회에서의 경험 때문이었습니다.

저는 소위 '오세훈 법'으로 불리는 정치자금법을 통해 정치판을 깨끗하게 만드는 데 일조했다는 자부심을 가지고 있습니다. 이번에는 행정 영역에서 그런 자부심을 느껴보고 싶었습니다.

저는 먼저 소방재난 본부장을 불러 책상이 없다고 생각하라고 말했습니다. 서울시 관할 22개 소방서를 하루에 한 개 이상 찾아다니면서 청렴 의지를 전달하고 감독하라는 의미였습니다. 15위라는 불명예를 뒤집어쓴 가장 큰 원인이 바로 소방 시설 점검 분야에 있었기 때문입니다.

소방이란 공공 부문 중 가장 칭찬받고 사랑받는 분야입니다. 불을 끄고, 응급 환자를 이송하고 위험에 빠진 사람을 구하고 있지 않습니까? 그런데 시설 점검이라는 항목 때문에 전체가 부패의 온상처럼 여겨지니 아마 소방 분야 직원들도 속상했을 겁니다.

"1년 후에도 소방이 서울시 청렴도를 깎아내리는 원인이 된다면 제가 먼저 옷을 벗겠습니다."

저의 강력한 의지에 화답하듯 본부장은 배수진을 쳤습니다. 하지만 소방 분야만 챙긴다고 될 일이 아니었습니다. 서울시 전체의 변화와 개혁이 필요했습니다. 저는 어딜 가나 청렴을 외치기 시작했습니다. 직원 조례 시간에도, 신년사에서도, 간부 회의에서도, 직원들 서신에도 저는 청렴을 외쳤습니다.

서울시에 이제부터는 공짜 점심은 절대 먹지 말고 업무에 관계된 사람과는 점심은커녕 커피 한 잔도 같이 마시지 말라고 지침을 내렸습니다. 감사관 주도 하에 민원 처리 사후 관리도 했습니다. 즉 민원 처리가 끝나면 120에서 민원인 한테 전화를 해 불편하거나 부당한 처신이 없었는지, 위법 요소나 금품 요구가 없었는지 모니터링하게 했습니다. 시에서는 그 결과를 당사자인 직원과 해당 부서에 통보하고 인사 평점에도 반영하도록 조치했습니다. 직원들이 민원인을 만날 때 확실한 서비스 마인드를 가지고 대하도록 시스템을 정비한 것입니다.

그러나 무엇보다 이번 결과에 큰 기여를 한 것은 지난 2년 동안 창의 시정을 통해서 서울시 조직에 조성된 긴장감이 아닐까 합니다.

세계에서 가장 투명한 조직을 꿈꾸다

취임사에서 공언한 대로 부패 공무원에 대해서는 예외 없이 강력한 처분을 내렸고 3퍼센트 퇴출제로 더 잘 알려진 '현장 시정 지원단'을 통해서 철저히 재교육을 받게 했습니다.

또 '경쟁이 경쟁력'이라는 모토 아래 청렴하고 능력 있는 사람은 연차에 관계없이 승진시켰습니다. 소방의 경우 청렴도가 우수한 직원 3명을 사상 최초로 특진시키는 인사를 단행하기도 했습니다. 저는 직원들에게 청렴이야말로 공무원이 반드시 갖추어야 할 윤리요 능력임을 인식시켰습니다.

그렇게 노력한 끝에 서울시는 작년 청렴도 조사에서 15위에서 6위로 뛰어올랐습니다. 그리고 올해 마침내 1위를 달성한 것입니다.

2년 만에 최하위권에서 1위로 뛰어오른다는 건 기적에 가깝습니다. 기적은 저의 의지에 동참해준 직원들이 있었기에 가능했습니다. 진심으로 고맙다는 말을 전하고 싶습니다.

부패 지수가 선진국 수준으로 개선되면 연간 경제 성장률이 2퍼센트 높아진 다는 연구 결과가 있습니다. 서울시가 청렴해지면 서울의 경쟁력이 높아집니다. 시민들이 더 행복하게 살 수 있는 환경이 조성됩니다.

이제 목표는 세계입니다. 세계에서 가장 투명한 조직으로 거듭나는 서울시. 꿈은 꾸는 자만이 이룰 수 있습니다.

2008년 12월 23일

쾌속 코리아, 스피드 서울

이런 기사가 났더군요. 요즘 국제사회에서 대한민국이 '스피드 코리아'로 불린다는 겁니다.

특히 일본에서는 '쾌속 코리아, 한국을 배우자'는 열기가 뜨겁다고 합니다. 지난 달 2010 벤쿠버 동계올림픽에서 종합순위 5위라는 기적을 이루어낸 우리 국가대표 선수들의 쾌거에서 비롯된 것이라죠.

이런 관심은 비단 스포츠 분야에서만이 아니라는군요. 대담하고 신속한 판 단과 집중적인 투자로 성과를 내고 있는 경제 분야의 '스피드' 노하우를 배우 자는 열풍으로 이어지고 있다고 합니다.

기사를 보면서 이런 생각을 해봤습니다. 스피드 코리아의 명성을 드높인 빙상 국가대표 선수들처럼 서울시 공무원들이 '스피드 코리아'의 '국가대표 공무원'이 되면 좋겠다…….

'속도전'과 '공무원'. 별로 어울리지 않는 단어 같다고 생각하는 분들이 아직도 많으실 겁니다. 하지만 서울시의 경우에는 꼭 그렇지만도 않습니다. 최근 조사 결과를 보면 희망이 보입니다. 서울시의 민원처리 속도인 스피드 지수가 올해 들어 크게 향상되고 있기 때문입니다.

지난 달 서울시 스피드 지수는 78.28였습니다. 법적으로 열흘 안에 처리하면 되는 민원의 처리 시간을 78퍼센트 단축해 약 2.2일 만에 처리했다는 얘기입니다. 예를 들면 법적으로 열흘인 택시미터 주행검사 신청은 하루 만에 처리됐고 신원조회 전담 팀을 통해 건당 3일 이상 소요되던 업무가 3시간 이내로 단축됐습니다. 취임 초기만 해도 서울시 스피드 지수가 34.5에 불과했던 것에 비하면 정말 '스피드' 있는 발전이라고 자랑하고 싶습니다.

결과를 보고 있자니 서울시가 사상 처음으로 청렴도 1위를 차지했던 2008년 말이 생각납니다. 당시 제가 직원들에게 이런 말을 했습니다. 이제는 속도전에 나서자는 것이었죠.

사실 불친절, 권위적인 태도, 늑장처리는 민원이 있는 시민들로 하여금 돈봉투라도 건네야 제대로 해주지 않을까 하는 불안감을 조성합니다. 그래서 이제부터는 '속도'와 '친절' 두 마리 토끼를 모두 잡는 것이 관건이라고 말했습니다. 그 다독임이 헛되지 않았다 싶어 뿌듯합니다.

하지만 '스피드 코리아'의 국가대표 공무원이 되려면 이 정도로 만족할 수 없습니다. 78.28퍼센트를 넘어 99퍼센트를 향해 달려가야겠죠.

시민 고객의 민원을 받았을 때 청렴해서 유쾌하고 친절해서 상쾌하고 거기에 빠른 처리로 통쾌까지 더해진다면 진정한 국가대표 공무원이 되지 않을까요? 우리 서울시 직원들이 만들어갈 스피드 서울의 신화, 한번 기대해보시기 바랍니다.

2010년 3월 5일

서울시
조직 혁신 프로젝트

● ● ●

이번 주 서울시에 큰 경사가 있었습니다. 서울시의 '신인사 시스템'이 그 우수성을 인정받아 지난 화요일 ISO 9001 국제 인증을 획득한 것입니다. 인사 행정 분야에서 국제 인증을 받은 것은 공공 기관 중 서울시가 최초입니다.

철통 밥그릇을 깨라

신인사 시스템이라 하니 다들 낯설게 느끼실 것입니다. 하지만 '3퍼센트 퇴출제'라고 하면 대부분 기억하실 것 같습니다. 3퍼센트 퇴출제는 불성실하고 무능력한 직원들을 선별해 재교육함으로써 철밥통으로 비유되던 공무원의 무사안일한 근무 태도에 경종을 울리는 제도입니다.

그런데 이러한 패널티 제도는 신인사 시스템의 일부일 뿐입니다. 신인사 시스템의 핵심은 열심히 일한 공무원에게 확실한 이익이 돌아가도록 하는 것입니다. 그 중심에 '상시 기록 평가제'와 '성과 포인트제'가 있습니다.

상시 기록 평가제는 말 그대로 전 직원이 상시적으로 평가를 받도록 하는 것입니다. 그동안 서울시의 평가 제도는 승진 때 수년 동안의 실적을 모아 평가하는 시스템이었습니다. 그러다 보니 기간별 실적에 따른 평가를 하기 힘든 구조였고 결국 객관적으로 평가하지 못하는 경우가 많았습니다.

그걸 이제부터는 분기별로 평가를 실시해 업무 실적을 공정하고 객관적으로 평가하도록 했습니다. 이 과정에서 승진 대상자의 업무 실적까지 공개함으로써 누구나 수긍하는 공정하고 객관적인 인사 제도가 완성됐습니다.

한편 성과 포인트 제도는 창의적인 아이디어로 열심히 일하고 우수한 성과를 거둔 직원에게 성과 포인트를 부여하는 제도입니다. 성과 포인트는 승진에 결정적인 영향을 미치기 때문에 직원들로서는 가장 중요하게 생각하지 않을 수 없습니다.

특히 성과 포인트로 인해 공무원 인사의 큰 원칙이었던 연공서열이 깨지고 파격적인 승진 기회가 생겨남으로써 조직에 새로운 바람이 불어왔습니다. 그 동안 아무리 열심히 일해도 9급에서 5급까지 승진하려면 평균 30년 9개월 걸렸는데 신인사 시스템은 이 기간을 15년 7개월로 줄일 수 있는 가능성을 제시했습니다. 그래서 승진 연한에 관계없이 파격적으로 승진한 스타 공무원들이 다수 배출됐습니다. 이는 서울시 조직에 새로운 긴장감과 열의를 몰고 오는 기폭제가 됐습니다.

조직을 긴장시킨 신인사 시스템

신인사 시스템은 조직의 근무 분위기를 완전히 바꾸어놓았습니다. 시행 3년째인 올해 우리 직원들은 하루 평균 227건의 새로운 아이디어를 쏟아내고 있습니다. 이쯤 되면 시키는 일만 하는 공무원이라는 편견은 버려도 되지 않을까요?

덩달아 청렴도도 높아졌습니다. 서울시 청렴도가 작년 1위로 올라서고 민원 만족도가 40퍼센트대에서 90퍼센트대로 껑충 뛰어오른 건 이런 배경 때문이었습니다.

서울시 인사 시스템이 획기적으로 바뀐 것에 대해 아직도 모르는 분들이 더 많습니다. 뉴스에서 다루는 일이 없으니 그럴 겁니다. 또 내 생활과 무슨 상관인가 싶어서이기도 하겠죠.

하지만 저는 서울시 직원들의 근무 태도가 바뀐 것이야말로 서울시민들에게 제일 큰 영향력을 미치는 변화가 아닌가 싶습니다. 서울시의 비전과 전략이 아무리 좋더라도 결국 구체적인 계획을 세우고 집행하는 이들은 시 직원이기 때문입니다. 서울시 공무원들이 열심히 뛰는 만큼 서울시민들의 행복 지수는 그만큼 높아질 것입니다.

언젠가 서울시 직원들에게 이런 말을 한 적이 있습니다.

"동일한 기사와 고발 프로그램을 접하고도 시민이 즐거워할 정책을 생각하는 공무원이 있는가 하면 아무것도 생각하지 못하고 넘겨버리는 공무원도 있습니다. 창의 시정은 스스로 시민의 입장이 돼 평가하고 관찰하고 변화를 이끌어가는 걸 말합니다."

창의 시정이 저의 재직 기간에만 존속하는 반짝 문화가 아니라 서울시 조직을 이끌어가는 핵심 정신이 되기를 바랍니다. 아마도 그것은 제가 시장으로 재직하는 지금이나 시장을 마친 이후나 변함없이 가장 간절하게 바라는 바가 아닐까 싶습니다.

2009년 10월 31일

앞으로 정말 그렇게 되도록
노력하겠습니다

누구나 떠나면서 남기는 글에는 그동안 비치지 않았던 진심을 담게 마련입니다. 그런 진심이 담긴 편지를 한 통 받았습니다. 하루 종일 마음이 훈훈했습니다.

발신인은 2년 동안 서울시청 출입 기자로 근무하다가 다른 출입처로 발령이 나 떠나게 된 어느 기자입니다. 그는 지난 2년 동안 저를 지켜본 느낌을 담담하게 적었습니다. 읽어가면서 참 고맙고 뿌듯했습니다.

"2년 동안 여러 차례 시장님을 대하면서 여느 정치인과는 정말 다른 사람이구나 하는 느낌을 가졌습니다. 원칙을 지키고 거짓말하지 않고 끊임없이 노력하고 가끔은 욕먹을 줄 알면서도 밀어붙이고. 물론 답답할 때도 있었습니다. 하지만 결국은 옳은 모습이었다고 생각합니다."

그는 스포츠를 무척 좋아하는 기자입니다. 그래서 본인이 원하는 스포츠부로 옮기는 것 같습니다. 이제 정치나 서울시와는 전혀 상관없는 일을 하게 될 겁니다. 그런 기자가 이렇게 편지를 보내주니 더욱 진심이 느껴졌습니다.

더욱이 서울시 출입 기자들은 가까이에서 우리 시 내부를 들여다보고 살피는 내부 관찰자입니다. 그래서 떠나는 출입 기자의 편지에 더 큰 의미를 부여하는지도 모릅니다.

서울시장으로 일하면서 저와 서울시에 대한 기사를 많이 접합니다. 그중에는 뼈아프게 지적하는 기사도 많습니다. 보면 '맞다, 이런 건 정말 고쳐야지!' 하고 다짐하고 직원들에게 곧바로 지시를 내리게 하는 기사가 있는가 하면, 소수이지만 사실 관계조차 수긍할 수 없어 변화를 만들어내기에는 역부족인 기사도 간혹 있습니다.

비판은 현상을 바꾸기 위해 하지만 애정을 바탕으로 한 비판만이 세상을 바꿀 수 있다고 믿습니다.

오늘 편지를 전해준 기자도 지난 2년 동안 서울시에 대해 늘 칭찬하는 기사만 작성한 건 아닙니다. 하지만 뼈아픈 기사였다 할지라도 늘 우리 직원들을 돌아보게 만들었다고 기억합니다. 편지 속에서 저와 서울시에 가했던 비판이 그 밑바탕에는 애정과 격려가 깔려 있었음을 확인하고 다시 고마움을 전합니다.

그는 제게 선물 하나를 남겼습니다. 일본 드라마 「체인지」의 CD입니다. 일본의 국민 배우 기무라 타쿠야가 주인공으로 초등학교 선생님에서 존경받는 정치인으로 변하는 과정을 그린 부드러운 정치 드라마입니다. 주인공이 저와 닮은 점이 많다면서 꼭 한 번 보라고 추천하고 갔습니다.

그는 편지에서 저와 주인공의 닮은 점을 '뜻밖의 계기로 정계에 입문하고, 원칙을 지키려 하고, 사람들의 이야기에 귀를 기울이고, 젊고, 미남이고 등'이라고 썼습니다.

앞으로 정말로 그렇게 되도록 더 노력해야겠습니다.

KI신서 2335

서 울 은
불 가 능 이
없 는
도 시 다
Nothing is impossible in Seoul!

1판 1쇄 인쇄 2010년 3월 22일
1판 1쇄 발행 2010년 3월 30일

지은이 오세훈
펴낸이 김영곤 **펴낸곳** (주)북이십일 21세기북스
출판콘텐츠사업부문장 정성진 **TF팀장** 안현주
PM 박혜란 **편집** 최순애
디자인 표지 twoes **본문** 아르떼203
마케팅영업본부장 최창규 **마케팅** 김보미 김현섭 허정민 **영업** 김용환 이경희 노진희
출판등록 2000년 5월 6일 제10-1965호
주소 (우 413-756) 경기도 파주시 교하읍 문발리 파주출판단지 518-3
대표전화 031) 955-2100 **팩스** 031) 955-2151 **이메일** book21@book21.co.kr

© 오세훈

ISBN 978-89-509-2285-6 (03320)
값은 뒤표지에 있습니다.